決定版
「シン・都市伝説」大全

99%の日本人が知らない
超「陰謀」プレミアム

噂の真相を究明する会

宝島社

CONTENTS

第2章 世界の超「陰謀」

Q+
扮装した平沢画伯

第5章 エンタメの超「陰謀」

Ado

はじめに

2022年2月に勃発したウクライナ危機によって世界は再び混迷の状況に陥った。過去の歴史からもヨーロッパにおける本格的な「戦争」は世界大戦につながりかねない。その意味で、これまであった戦争とはまったく違うのだ。この暴挙を起こしたプーチンやロシアに対して世界各国が厳しい制裁を課すのも当然といえよう。

これから「世界」はどうなるのか。既存メディアが報じる偏った情報だけでは不安となり、本書を手にした人も少なくないだろう。その期待に応えるべく、プーチン関連やロシア、ウクライナに関する情報、都市伝説を急遽掲載した。また、このウクライナ危機によって〝見過ごされている〟これからの情勢を読み解くヒントになりそうな都市伝説も考察系ユーチューバーに依頼した。本シリーズに相応しい充実した内容になったと自負している。

コロナ禍がそうだったが、こうした大きな「事件」が発生すると、大手メディアの報道姿勢が一方向に偏る傾向が年々強まっている。明らかに何かに縛られているのだ。

それが「暗黙のルール」である。

世界を裏から支配してきたディープ・ステートとは、この「暗黙のルール」

の決定者といっていい。国際条約のような形で明文化されていない「世界のルール」をつくり、それを守るよう強いる存在なのだ。支配者にとって、ルールとは守るものでなく、守らせるものでしかない。ゆえに自分たちの都合が悪くなれば、簡単にルールを変更し、その都度、世界は混乱する。コロナ禍もルール変更を目的に仕掛けた謀略であったのだ。

都市伝説の存在意義は、表の世界からは決して見えない「暗黙のルール」に迫るところにある。裏読み、深読みをする都市伝説だから迫れるのだ。

今回のプーチンの行動が暴挙であるのは間違いない。だが、この暴挙によってディープ・ステートが強いてきた「ルール」の存在が、かつてないほど浮かび上ってきた。プーチン自身がルールメイカー、いわば決定者になろうという野心を剥き出しにしているからである。

２０２２年、世界は「暗黙のルール」をめぐる争いの時代へと突入した。ルールを都合よく変更し、そのルールを世界に押しつける、そんな支配者の座をめぐる戦いである。

本書が、それを読み解く一助となれば幸いである。

噂の真相を究明する会

第1章

プーチン・ロシアの超「陰謀」

国際ジャーナリスト ベンジャミン・フルフォード が解説

プーチンが狙った
ディープ・ステートの利権拠点
ウクライナの壊滅

大手メディアが報道しない

「ウクライナ危機」の真相

ベンジャミン・フルフォード
Benjamin Fulford
ジャーナリスト、ノンフィクション作家。カナダ・オタワ生まれ。1980年に来日。上智大学比較文化学科を経て、カナダのブリティッシュコロンビア大学を卒業。その後、再来日し『日経ウィークリー』、米経済誌『フォーブス』アジア太平洋支局長などを経てフリーに。『ヤクザ・リセッション』(光文社)、『暴かれた9.11疑惑の真相』『トランプ政権を操る「黒い人脈」図鑑』(ともに扶桑社)、『勃発！ 第3次世界大戦 World War Ver.3.0』(ベストセラーズ)、『図解 世界「闇の支配者」とコロナ大戦争』『世界「闇の支配者」シン・黒幕頂上決戦』(ともに宝島社)など著書多数。

西側メディアはプーチンのウクライナ侵攻の決断を「パーキンソン病の影響」「精神疾患」などと伝えるが、実際には明確な狙いがある

ソビエト連邦はまだ法的に存在「ソ連復活」を目論むプーチン

ウクライナ問題の真相を知るためには、まず大手メディアを信じることをやめなければならない。「日本のメディアの報道は欧米の情報に偏っているためロシア側の見解を知ることができない」という表面的な理由もあるが、それに加えて大手メディアによって流される情報は、そのほとんどが何かしらの意図が込められたプロパガンダだからだ。

現在のウクライナの騒動を理解するために、我々が知っておくべきいくつかの隠された事実がある。

まず重要なポイントとして「ソ連は法的にまだ存在している」ということがある。

１９９１年に解体したとされるソビエト社会

主義共和国連邦だが、これは一般的にそう認識されているだけのこと。ソ連の所有していた一部資産の権利関係などは基本的にロシアへと引き継がれることになったのだが、そのなかには現在も完全解決に至っていない問題がいくつも遺されている。

その証拠に、例えば東京の港区麻布《あざぶ》にある「在日ロシア大使館」の登記名義は現在も「ソビエト社会主義共和国連邦」のままとなっている。つまり、「3億人の人口を持つ15の共和国から構成される旧ソ連」と「ロシアを含む15の独立国」という2つの枠組みが並立しているわけである。

実際問題としてソ連は今も国連の登録から抹消されていないし、ウクライナの国境は国連に正式登録されていない。しかも、ロシアはこれまでに一度もウクライナを含む旧ソ連領土にあった国々を独立国家として認めていない。

そうすると国際法上、ウクライナはまだソ連の一部ということになる。これはすなわちソ連の権利を引き継いだロシア領土の一部だということだから、大手マスコミが伝える「侵攻」という表現はその前提からして間違っている。

そうして見たときに、今回のロシアの行動は「旧ソ連の復活」に向けたものだと解釈することができる。

実はそのような動きは今回のウクライナ問題に始まったことではない。今年（2022年）1月初頭、やはり旧ソ連領のカザフスタンにおいて欧米勢が画策したクーデター未遂の騒乱が勃発すると、ロシアが主導する旧ソ連諸国の軍事同盟である集団安全保障条約機構（CSTO）に基づいて軍を派遣している。この軍事的行動によってカザフスタンは実質的にロシアの

ソ連時代を知るロシアの高齢者層は今回のウクライナ侵攻を熱烈に支持しているという

支配下となっている。

そしてこれと同じことを、プーチン大統領はウクライナにおいても行っているわけだ。プーチン大統領はウクライナへの軍事的な動きを説明する記者会見において「現代ウクライナの領土は共産主義ロシアのボルシェビキ（レーニンの率いた多数派政党でソ連共産党の前身）によってつくられた」とも話している。

ディープ・ステートの傀儡だった スターリンがウクライナをつくった

現在ウクライナで発生している「危機」は戦争ではなく、ハザールマフィアらの国際犯罪組織に対する取り締まりの一環だとも複数の情報筋は伝えている。ハザールマフィアとは、トランプ前米大統領の登場以降に一般的に広まった「ディープ・ステート」と同義とここでは思ってもらっていい。

ウクライナの地は中世に存在したハザール王国の領地と大きく重なっている。ハザール王国とは7世紀から10世紀にかけてカスピ海の北からコーカサス、黒海沿いに栄えた遊牧民族およびその国家である。9世紀頃に支配者層がユダヤ教に改宗したことでも知られていて、現在世界中に散らばるユダヤ人たちの大半は、このハザール王国の末裔《まつえい》だ。

2019年の4カ国首脳会議でプーチンとゼレンスキーは同席

この当時のハザール王国は奴隷商人の国であった。奴隷と言っても今、皆さんが思い描くようなアフリカ系黒人ではなく、この頃は東欧や中欧のスラブ人を奴隷として中東のイスラーム商人に提供していた。
10世紀頃にはこれに反発したロシアやモンゴルに侵攻されてハザール王国は消滅したが、支配階級の人間はヨーロッパに逃げて「アシュケナージ系ユダヤ人」を名乗り、これが「ハザールマフィア＝ディープ・ステート」として今に至るまで世界を裏から動かしてきた。
ディープ・ステートはヨーロッパとアメリカの権力中枢を乗っ取ると、１９１３年にアメリカの中央銀行（ＦＲＢ）を米議会から奪い取り、そのアメリカの経済力を使ってロシア革命を勃発させている。

スターリンはディープ・ステートの傀儡として多くのロシア人を虐殺してきた

歴史上の事実として、ロシア革命（十月革命）を指導したレーニンやトロツキーを工作員としてロシアに派遣したのもディープ・ステートのロックフェラー一世だった。つまりロシア革命とは、かつてハザール王国を侵略したロシアに対する報復であり、共産革命を起こすことで5000万人以上ものロシア人を殺した。

　さらに1930年代になると、レーニン亡き後に絶大な権力を握ったスターリンによって人工的な大飢饉「ホロドモール」をソ連のウクライナ地域で引き起こしている。ハザール王国の事実上の復活のために、その地域に居住していたロシア民族を大量に餓死に追い込んだのだ。

　その後、ディープ・ステートの

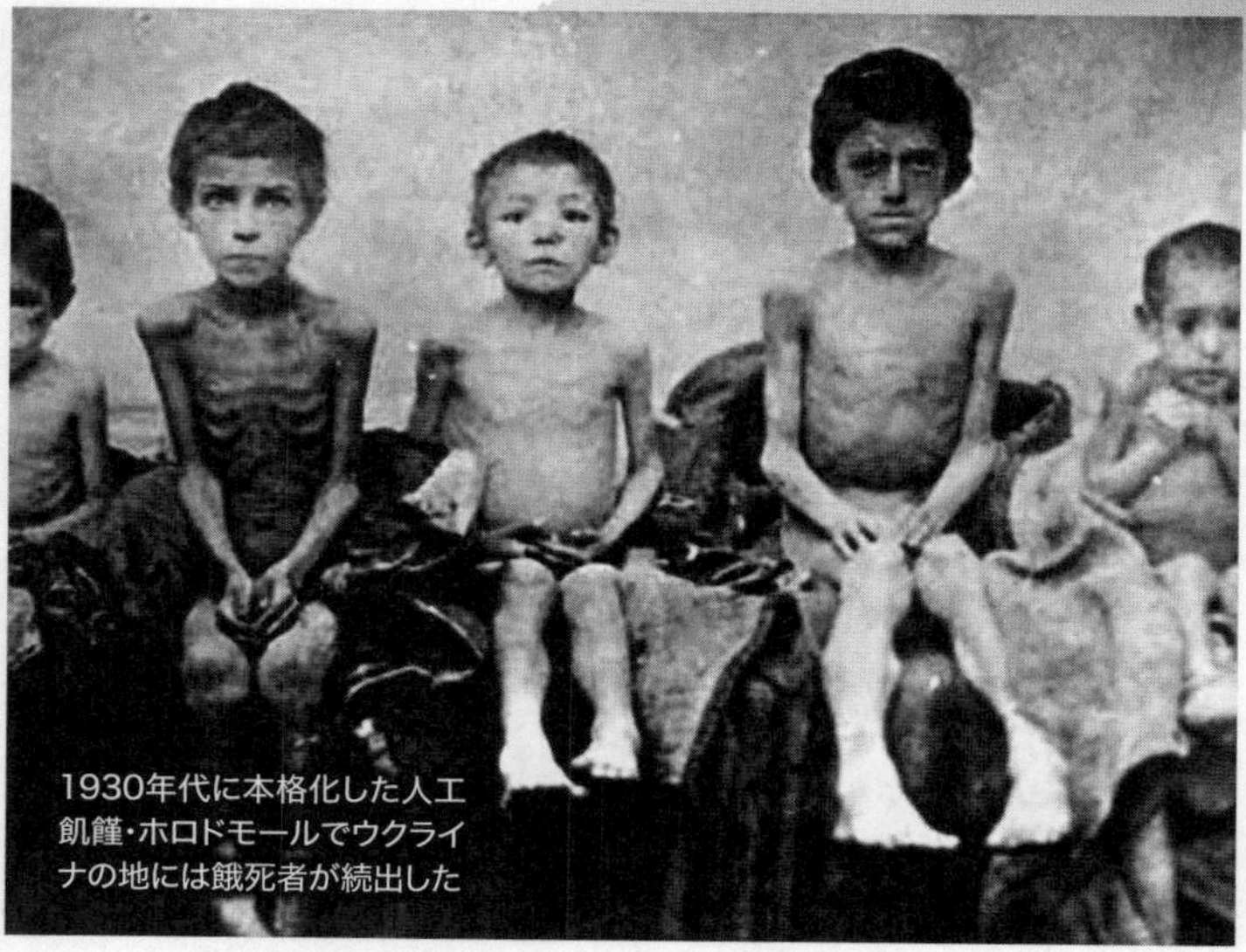

1930年代に本格化した人工飢饉・ホロドモールでウクライナの地には餓死者が続出した

傀儡《かいらい》だったスターリン率いるボリシェビキがポーランド、ルーマニア、ハンガリーの一部領土、さらにはロシア領のクリミアを与えることによって、ハザール王国のかつての領地に現代ウクライナをつくった。

先に取り上げたプーチンの「ウクライナはボルシェビキによってつくられた」という言葉はこのような歴史的経緯を指したものであり、今起きていることの背景にはこうした歴史的事実があるのだ。

ディープ・ステートの犯罪拠点であるウクライナの地

ハザールマフィア＝ディープ・ステートを率いるロスチャイルドやロックフェラーの金融および暗号通貨システムのコンピューターは、現在ウクライナに置かれている。さらにはウクラ

ウクライナ侵攻の実態は「ロシアによるディープ・ステートの悪行の取り締まり」だが、ディープ・ステート配下の西側メディアは「ロシアが一方的に悪い」と情報操作している

イナの地では武器工場、麻薬工場、生物兵器ラボや人身売買組織などの犯罪拠点が展開されていて、今回のウクライナ侵攻はそうしたものに対するロシア特殊部隊による攻撃という側面があった。

その証拠にネット上には作戦を遂行するロシア兵とウクライナ兵が喜びあって一緒に踊っている動画なども出回っている。ディープ・ステートによって毒されたウクライナの地をロシア軍が取り返してくれたことを喜んでいるウクライナの人々もいるというわけだ。

しかし、ディープ・ステートはそんな事実を認めるわけにはいかない。そのため自分たちの取り締まりに動いているロシアを世界のメディアを使って一方的に非難することで悪者に仕立て、ロシアを撤退させることにより自分たちの犯罪拠点を死守しようとしている。

なおウクライナ議会では、今回の騒動の直前に「暗号通貨取引の合法化」を決定している。この動きを主導したのはホワイト・ロック・マネジメントというウクライナの企業であり、代表のセルヒー・トロンは「この決定により、今後は世界の暗号通貨の大部分がウクライナに集まることになる」と強気の発言をしている。

この企業の上層部の背後を調べてみると、やはりロスチャイルド系であった。要するにウクライナ議会の決定は「今後、国内の金融システムがロシアに監視されることになっても、ウクライナは暗号通貨を使って引き続き武器や麻薬、人身売買等々のマネーロンダリング拠点としての活動を続ける」と宣言しているようなものである。

この動きについてロシア当局筋は「そうなればロシア政府はウクライナの犯罪的なファシスト政府を外から転覆させて、新たな政府と入れ替える」と話している。

アメリカの〝倒産〟が引き金に プーチンが動いた理由

ロシアがこのタイミングで動いたもう一つの理由として、アメリカが「倒産」したことが挙げられる。アメリカの弱っているこのタイミングが、ウクライナに蔓延《はびこ》るディープ・ステートの拠点を一掃するチャンスと踏んだわけだ。

１９７０年代から長年にわたって累積貿易赤字を計上してきたアメリカは、中国と日本がアメリカの債権を買うことでなんとか維持されてきたが、２００８年に一度完全に破綻した。表向きはリーマン・ショックとされたが、この時にはアジアの王族から７００トンの金を買って、これをベースにレバレッジを１０００倍かけて金75万トン分の金裏付け債券を発行。それを担保に23兆ドルをつくり急場をしのいでいる。

それもアフガン戦争の戦費などで底をついてしまい、2020年1月末には米国債の利払いで不渡りを出した。この時はジョー・バイデンを支持してきたデイヴィッド・ロックフェラー・ジュニアが中国との間で「バイデン政権誕生後にアメリカはアジアの権益から完全撤退してこれを中国に渡す」との密約を交わしたことで米中間の物流は継続された。

デイヴィッド・ロックフェラー・ジュニアもアメリカの国家破綻を食い止めることはできなかった

　しかし、バイデン政権になってもその約束が果たされなかったことで中国は2021年10月に物流をストップさせてしまう。大手メディアはこれを「コロナ禍によるコンテナの価格高騰」「輸送トラックの人員不足」などと報じたが、真の原因はアメリカが中国を裏切ったことにあったのだ。

　そうして今年1月31日には再度不渡りが発生し、破産手続きが執行されるまでの猶予期間に開催された「ミュンヘン安全保障会議」でその対応策が講じられた。

侵攻直前の「ミュンヘン安全保障会議」（2022年2月19日）で“ウクライナ危機”を承諾したとされるゼレンスキー

ミュンヘン安全保障会議は例年2月にドイツ南部のミュンヘンで開かれるもので、ディープ・ステートによって運営されていることから「外交・安全保障分野におけるダボス会議（世界経済フォーラムの年次総会）」とも呼ばれている。つまり、「ディープ・ステートの家来」が集まるための会合である。

２０２２年の主な出席者はグレテース国連事務総長、ＥＵのフォンデアライエン欧州委員長、カマラ・ハリス米国副大統領、ドイツのショルツ首相、ウクライナのゼレンスキー大統領、中国の王毅外相、ＮＡＴＯ（北大西洋条約機構）事務局の高官やＧ７の外相らであり、これらの国や機関は総じてロスチャイルドやロックフェラーの持ち物だ。

会議で交わされたさまざまなオファーはまだ流動的で現時点ではまだ激しく動いているとこ

ロシア軍の真の標的はウクライナ国内のディープ・ステートとアメリカの利権構造だ

ろも多いのだが、そのなかの一つに「ロシアの動きを逆手に取ってウクライナ情勢の緊張悪化をでっちあげることで、アメリカの倒産問題を誤魔化そう」というものがあった。

またバイデン政権は、ウクライナでマネーロンダリングした資金に依存していることから、これをロシアの手から守ろうという狙いもあった。

バイデンはオバマ大統領の副大統領時代から反ロシアの立場であり、２０１４年の親露派大統領が失脚したウクライナの政変もバックアップした、ディープ・ステートとはいわばズブズブの関係である。

今回のウクライナ問題とされる一連の騒動の本質は、要するに「ソ連復活を目論むロシア」と「ウクライナにある利権を守ると同時にアメリカの破綻を誤魔化そうとするディープ・ステート」の争いなのである。

〝世界の敵〟プーチンをロシア国民が支持し続ける〝悲劇的〟理由の真相

ソ連崩壊後の「絶望と屈辱の10年」から国民を救ったプーチン

ウクライナ侵攻後も国民の支持率は7割超

「なぜ、プーチン政権は倒れないんだ?」

全世界のメディアが、ある意味、ヒステリックなまでにプーチン叩《たた》きをしているのに、どうしてロシア国民がプーチンを支持するのか、その理由がわからないためだろう。

あれほど国際社会から孤立し、オリンピックやW杯など国際舞台から締め出され、ありとあらゆる企業が撤退し、あげくルーブルが紙くずになったのだ。誰だってロシア全土で反戦デモが広がり、反政府運動も拡大すると考える。それが、なぜ起きないのか。

そもそも今回のプーチンのウクライナ侵攻は「帝国主義」の復活につながる蛮行と言っていい。時計の針を第二次世界大戦前の帝国主義時代にまで戻せば、欲しい領土があれば軍隊で威圧し、それでも応じなければ武力で占領する時代だった。大国がそれを行えば行き着く先は

文／西本頑司

「世界大戦」。それは歴史が証明している。

それでもロシア国民が〝狂気の独裁者〟を支持し続けているのは、なぜなのか。

その謎を解くカギは、まさにプーチンの支持率にある。ウクライナ侵攻後も国民の支持率7割という数値は、おおよそロシアの人口動態から「20世紀生まれ」、有権者の枠で見れば「1990年以前に生まれた人」となる。

つまり、ベルリンの壁崩壊（1989年）から始まるソ連の解体からボリス・エリツィンを大統領とする新生ロシア誕生、そして1999年末に大統領代行となったウラジーミル・プーチンが登場するまでの約10年の動乱期を明確に覚えている国民といっていい。

実際、ロシアにおける反プーチン層が若年層に偏っていることからも、動乱の10年の記憶を持つロシア人のほとんどが、「ウクライナを奪い返せ」と願っていると推察できるのだ。ここでプーチンが日和《ひよ》って軍を引くほうが倒閣につながりかねない。妥協するわけにはいかなくなっているとも読めよう。しかもプーチン支持の7割のロシア国民は、どんな制裁を受けようが、国際社会から締め出されようが、それに耐える気でいる。このロシア人の〝覚悟〟を理解しないかぎり、ウクライナ侵攻の本質は見えてこないのだ。ロシア人たちが「絶望と屈辱の10年」と呼ぶ期間、当時のロシアが、一体どんな状況だったのか。まずはそれを紹介したい。

食うためにプーチンもタクシーの運転手に

1990年から2000年は、日本でもバブル崩壊からの「失われた10年」となる。しかしソ連崩壊でロシアは日本の比ではないほど悲惨な状況に陥っていた。

ソ連崩壊とは、ようするに「国営企業ソビエト」が経済破綻し、民営化して「株式会社ロシア」になったと思えばわかりやすい。社会主義国家だったソ連では、すべての企業や組織は国営であり、すべての人民は公務員となる。事実、ソ連末期は深刻な物不足と劣悪なサービスだったとはいえ、それでも国民には電気・ガス・燃料・水道といったライフライン関連、衣食住に関しては基本的に無料で支給されてきた。それが民営化された以上、すべてに対価が必要となる。

働こうにも大量の失業者があふれていれば、雇う側は低賃金でブラック化する。KGB（国家保安委員会）で中佐に昇進し、共産党のスーパーエリートだったプーチンでさえ、この時期タクシー運転手をしなければ生活できなかった。「閣下」と呼ばれる高級軍人やエリート将校がガードマンに身をやつしても生活できないために、妻や娘が売春するのも珍しくなくなっていた。実際、この時期、日本のネオン街にも「ロシアンパブ」や「ロシア風俗店」が林立していた。そこで働く女性たちはノーメンクラツーラ（旧ソ連・東欧諸国の支配・特権階層）を父親に持つモスクワ大学やレニングラード大学（現サンクトペテルブルク大学）の出身者も多かった。

これほどロシア経済が悪化したのは、国家破綻に伴う国営企業の民営化でソ連人民の血と汗の結晶である多くの社会インフラ資本、ロシア最大の国富である有望な油・ガス田、巨大農場などがドル、ポンド、マルクを抱えてきた西側の「ハゲタカ企業」たちに次々と買い叩かれ、奪い尽くされていったからである。

それだけではない。この時期、湾岸戦争（1

990～1991年）が起こり、中東の石油が高騰したため、ロシア産のエネルギー資源は圧倒的な国際競争力を持ち、国際市場でバカ売れした。本来なら、その利益はロシアへと還元されるはずが、すでに西側に買い取られていた資源企業はロシア国内の需要分まで平然と輸出に回して儲けを優先し、品薄を理由に国内向けの灯油・ガソリン価格を跳ね上げた。

ソ連崩壊前、反改革派の「8・19軍事クーデター」失敗を祝う集会（1991年8月22日）とエリツィン

しかもハゲタカ企業の莫大な黒字はタックスヘイブンなどで税金を回避され、ロシアに入るお金は雀の涙だった。こうしてロシア国内で大量の凍死者や餓死者が出るなか、オリガルヒと呼ばれた新興財閥に投資した欧米富裕層がボロ儲けし、肥え太っていった。

貧困に喘ぐロシア人の所得を倍増させたプーチン

民営化した国内メディアからは「暗黒のソ連が倒れ、ようやくロシアに春が訪れた。共産党の圧政から解放されたロシア国民は自由を謳歌している」というニュースが垂れ流される。この時代、浴びるほどウオツカを飲んで泥酔して、凍死することだけが唯一の「救済」というほどロシア人たちは絶望し、うちひしがれていた。

そんな暗黒のロシアに差した一筋の光がプー

チンであった。

強いロシア復活を掲げ、プーチン自身は肉体的にも精神的にも「強さ」をアピールした。

「国民よ、戦後半世紀にわたって東側の盟主として世界の半分を支配していた偉大かつ誇り高き民族であることを思い出せ」と主張し、ロシアの希望となって2000年、第2代大統領となっていくのだ。

プーチンは口だけではなかった。ロシアの国富を流出させてきた西側資本が入ったオリガルヒ、とくにユダヤ資本系を徹底的にパージ。さらに民間企業となっていた石油・ガス会社や社会インフラ企業に対して、再国有化と国家による統制受け入れを要求。反発した経営者は国家権力で強引に逮捕までする。このプーチンの圧政は、当然、西側メディアから強く批判されるが、ロシア国民は諸手を挙げて支持。資源輸出企業が国家管理に戻ったことで空っぽだった国庫は潤い、それを原資に解体状態にあった軍を再建。続々と軍需工場をつくってフル稼働にする積極財政で、わずか数年でロシアのGDPを高度成長レベルまで押し上げた。貧困に喘《あえ》ぐロシア人の所得を倍増させたのである。

こうしてプーチンは、圧倒的な国民の支持に加え、産業界、メディア、再建した軍部、KGB出身からロシア連邦保安庁（FSB）、すべてに強い影響力を持つ完全な独裁権を得ていく。当時のロシア国民はプーチンを救国の英雄として、新たな「皇帝《ツァーリ》」と認めたのである。

ロシア国民を奴隷化する謀略「ワシントン・コンセンサス」

こうしてプーチンという強い皇帝を得たロシア国民が次に望むのは、いうまでもなく「復讐」である。西側がソ連崩壊から傀儡国家ロシアをでっち上げ、スラブ系ロシア国民を文字どおりのスレーブ（奴隷化）にする謀略が「ワシントン・コンセンサス」。対して、国民のためにプーチンが打ち出した戦略が「モスクワ・コンセンサス」だった。

プーチンにすれば、「先に仕掛けてきたのはアメリカ。どんな悪辣な手段だろうが、国際ルールに違反しようがいっさい考慮しない」となる。そこには他国への武力侵攻も含まれているとされる。２０１４年のクリミア併合に続き、今回のウクライナ侵攻もすべてモスクワ・コンセンサスに基づいての行動だった。

ワシントン・コンセンサスはえげつない計略だった。公式には１９８９年にトヨタによって暴露されたＩＭＦ（国際通貨基金）、世界銀行、米国務省の基本戦略だが、その実態は「99％の富を１％の支配者層で収奪する」というディープ・ステートの根幹を成す計略だった。事実、ワシントン・コンセンサスはディープ・ステートの「ピンダー」（頭目）であったデイヴィッド・ロックフェラーが始動させ、のちに一族当主となるロックフェラー・ジュニアが管理するＣＦＲ（外交問題評議会）が立案。第41代大統領となるジョージ・Ｈ・Ｗ・ブッシュ（パパ・ブッシュ）が対ソ連の実行役だった。

ワシントン・コンセンサス

1980年代、トヨタは猛烈な日本叩きの背景を探るために国際経済研究所を設立。その研究所が1989年に「アメリカの国家戦略」として発表（暴露）した。アメリカ政府の外圧で各国の保護政策と規制を撤廃させて外資企業が自由に活動できるよう「改革」を行い、ディープ・ステート系の欧米巨大資本が世界経済を支配できるシステムにするのが目的だった。ソ連に続き、日本も小泉「売国」政権によって餌食となった。EU加盟の東欧諸国や、アジアや南米の中進国なども次々と狙い撃ちにされており、「99％の富を1％の支配者層で収奪する」ディープ・ステートの基本コンセプトといっていい。

ちなみに日本におけるワシントン・コンセンサスは、近年では「新自由主義」と言い換えられているが、バブル崩壊からの「失われた10年」、２００１年から小泉純一郎政権と竹中平蔵が行った格差拡大政策こそ、典型的なワシントン・コンセンサスのやり口だったのである。

国民がプーチンに求め続ける
モスクワ・コンセンサス＝復讐

さて、パパ・ブッシュが実行役となった対ソ連用のワシントン・コンセンサスとは、いかなるものだったのか。

ロシアはソ連時代から広大な領土から産出される豊富なエネルギー資源と巨大な集団農場による農作物の輸出が主力産業だ。そこでパパ・ブッシュは、手始めに石油利権を牛耳るロックフェラー一族に働きかけ、１９８０年代以降、原油を「水より安い」価格に落とす。原油輸出でソ連が外貨を得ることを不可能にしたのだ。そして１９８５年のアフガニスタン紛争では古巣のＣＩＡ（米中央情報局）を使い、現地勢力をゲリラ化。いまロシア軍を悩ませているウクライナ軍の携帯型誘導弾ジャベリンの前世代版のＲＰＧを大量にばらまき、戦況を泥沼化させていった。その時、アメリカが支援してきた現地勢力がタリバンや９・11を引き起こしたアルカーイダであり、そこにはオサマ・ビンラディンの姿もあった。９・11がディープ・ステートの自作自演といわれているのはここに由来する。

さらにパパ・ブッシュは、武器弾薬支援の代金として現地ゲリラにアヘン製造を委託。薬漬けにした少年兵の「自爆テロ兵器」を大量生産する一方、厭戦《えんせん》気分になっていたソ連兵にもドラッグをばらまいていった。ドラッグを使ってディープ・ステート側に誘い込んだソ連兵は、のちに中央アジアを拠点に人身売買、ドラッグ密売、武器密輸を行う「ロシアンマフィア」の母体となり、ソ連末期時代の治安悪化を引き起こしていく。

まさにそのタイミングで起こったのが、１９８６年のチェルノブイリ原発の「爆発事故」なのである。この事故で大量の放射性物質が広範囲に拡散され、ソ連最大の穀倉地帯が一瞬で壊滅。しかもヨーロッパ全土に影響を及ぼした結果、穀物の国際価格が急騰。原油輸出で外貨を稼げなくなっている以上、ソ連はアメリカに頭を下げ穀物を売ってもらうしかなくなった。こうして１９８９年、第41代大統領に就任していたパパ・ブッシュが突きつける「ソ連解体」「新生ロシアにおけるワシントン・コンセンサス導入」という無条件降伏文書にボリス・エリツィンはサインする。それが、先に述べたロシアの悲惨な状態「絶望と屈辱の10年」を引き起こしていったのだ。その絶望が独裁者プーチンを生み出した以上、プーチンはモスクワ・コンセンサス＝復讐を止めることはできない。「狂気の独裁者」の姿こそロシア国民が強く求めている「怒りの体現者」なのだ。

現在、厳しい経済制裁を受けているロシアだが、エリート層が食うためにタクシー運転手をしたり、妻子が売春婦になったりしているわけではない。国民が飢え死にしたり凍死していることもない。「絶望と屈辱の10年」に比べれば「全然マシ」と笑っているぐらいだろう。

狂気の「おそロシア」、そして独裁者プーチンをつくったのは誰なのか。それを世界の人々が理解しないかぎり、ウクライナ侵攻をはじめとするロシア問題が完全に解決することはないのだ。

〝プーチン宮殿〟を実質支配 新興財閥オリガルヒの正体

ロシア資本主義経済を支える大富豪とプーチンの関係

総工費は1400億円 〝ロシア最大の邸宅〟プーチン宮殿

ロシアとウクライナをめぐる緊迫した情勢のなか、〝プーチン宮殿〟が脚光を浴びている。

プーチン宮殿とは、ロシア黒海沿岸にあるプーチン大統領の所有とされる豪勢な邸宅のこと。ロシアの反体制派が撮影した暴露動画が2021年1月にYouTubeで公開されると、10日ほどで1億回再生を突破。ロシアでも多くの人が視聴し、若者が「プーチンは泥棒！」と怒りをあらわにするデモも行われた。

ドローン映像や建設業者から入手した見取図から判明したプーチン宮殿の規模は、敷地総面積がモナコ公国の約39倍となる7800ヘクタール、建物の延べ床面積は1万7691平方メートル、建設総事業費は約1000億ルーブル（約1400億円）という壮大さ。

ロシア最大の邸宅とされるこの建物は豪華絢《けん》爛《らん》を極め、敷地内には柔道場、ヘリポート、ス

文／金崎将敬

ケートリンク、教会、プール、噴水、マッサージ室、サウナ、カジノ、医務室、温室棟、ブドウ園、ワイン工場、建造途中の円形劇場などを備えている。宮殿を管理するオフィス棟と数千人の従業員が住める居住棟も完備しており、ミニ国家といってもいいほどの規模と施設が備わっている。

さらに、敷地全体をロシア連邦保安庁（情報・治安機関）が管理しており、立ち入るには複数の検問所を通る必要がある。また、カメラのついたスマホは持ち込みできない。

こうしたことから、このプーチン宮殿は有事の際にプーチンとその家族を守る要塞のような働きもあると考えられている。黒海に面しているため、万が一の事態でプーチンが亡命を図る場合でも、黒海から地中海へ抜けられる。プーチンの資産は22兆円ともいわれており、受け入れ先を見つけるのには苦労しないだろう。

〝プーチン宮殿〟の実質所有者か？ 実業家・ローテンベルク氏の正体

プーチンはこの〝宮殿〟について、自身や家族が所有しているものではなく、所有者は柔道仲間の実業家アルカディ・ローテンベルクであると主張している。だが、自由に使えるのであれば事実上プーチンの持ち物といってもいいだろう。

では、名義上の持ち主となっているローテンベルクとは何者か？ 彼は実弟とともに、ガスのパイプラインと電力の供給網を建設するロシア企業ＳＧＭグループを経営しており、オリガルヒ（ロシア新興財閥）の一角を担っている。

オリガルヒは、ソ連解体に伴うロシア国有企業の民営化の過程で形成され、ロシアにおける

プーチン政権に協力的なオリガルヒの財による“プーチン宮殿”は広大な敷地にミニ国家規模の設備を備える

資本主義経済化の立役者であると同時に、同国の政治を腐敗させる一因となってきた。プーチン政権になってからは締め付けが強化され、脱税や横領でオリガルヒに捜査の手が入るようになったが、これはフェアなものではなく、プーチンは政権への反対勢力側についたオリガルヒに対し圧力をかけ、政権に忠誠を誓ったオリガルヒを優遇するという形で、経済界を支配下に置いた。

例えば、２０１４年のクリミア危機への経済制裁としてイタリア政府がローテンベルクの所有する約４０００万米ドルの資産を凍結した際に、彼の資産を補償するための法律案が議会に提出された。これはのちに廃案になったが、「ローテンベルク法」と通称されることになる。

プーチンは〝ユダヤ陰謀論者〟？ 冷遇されたユダヤ系オリガルヒ

そうした優遇されるオリガルヒの一方で、ロシアのメディア王といわれたウラジーミル・グシンスキーは詐欺容疑で逮捕され、その後スペインへ脱出した。また、政界の黒幕と呼ばれたボリス・ベレゾフスキーは横領疑惑を追及されイギリスに亡命するも同地で自殺。さらに、石油会社の社長だったミハイル・ホドルコフスキーは逮捕された後、恩赦により釈放されイギリスへ亡命した。

プーチンに冷遇された彼らに共通しているのはユダヤ系ロシア人ということだった。もっともプーチンは人種を問題にしたのではなく、いわゆるユダヤ資本とのつながりを問題視したようだ。

プーチンが〝ユダヤ陰謀論〟にかぶれていたという見方もできるが、前述のホドルコフスキーに関してはこんな事実もある。ホドルコフスキーは逮捕前に自身が設立した「ロシア開放財団」に、ユダヤ系資本の本流であるロンドン・ロスチャイルド家の当主ジェイコブ・ロスチャイルドや、ニクソン政権下で国務長官を務めたユダヤ系アメリカ人、ヘンリー・キッシンジャーを理事として迎え入れていた。

こうしたことがプーチンの疑念を招いたことは、容易に想像できる。

プーチンと固い握手を交わすアルカディ・ローテンベルク

都市伝説・考察系YouTuber ノンストップラビットが語るベストワン

ロシア「ウクライナ侵攻」で廃炉のチェルノブイリを〝速攻〟占拠した理由

Non Stop Rabbit ●ノンストップラビット
チャンネル登録者数64万1000人(2022年3月現在)。「バンド×YouTuber」として活動する3ピースロックバンド。通称「ノンラビ」。田口達也(中央)、矢野晴人(左)、太我(右)で構成される。都市伝説から心霊現象、宇宙人、UMAまであらゆるヤバいネタを扱い、笑いを交えて3人のトークで紹介する。

チェルノブイリ原発「石棺」の中にはロシアにとっての機密が？

達也　今回はメンバーがいま気になる場所についてそれぞれ語っていくスタイルでいきます。

太我　では俺からいかせてもらうけど、ウクライナと戦争を始めたロシアが最初に攻め込んだ場所について。ウクライナ北部のキエフ州にある「チョルノーブィリ」（チェルノブイリ）という場所なんだけど。

晴人　原発事故が起こった場所だよね。

太我　１９８６年の4月、チョルノーブィリ原子力発電所の4号炉で大規模な爆発事故が起きた。これはＩＮＥＳ（国際原子力事象評価尺度）が定める「深刻な事故」にあたるレベル7に分類され、史上最悪の原発事故といわれてるんです。この爆発で大量の放射性物質が放出され、その被害はヨーロッパをはじめとする世界中で観測された。その爆心地であるチョルノーブィリは人が住めるような状況ではなく、街は封鎖され、約16万人が移住を余儀なくされました。あとには大量の放射性物質や原発の残骸が残されましたが、死者も多数出たという決死の作業で事故現場をコンクリートブロックの「石棺」で覆って密閉。現在は人が近づかないように厳重に管理されているそうです。

達也　そんな場所にロシアはいきなり攻め込んだってことか。

太我　ロシアはウクライナに侵攻を開始すると、最初にチョルノーブィリに戦車隊を送り込み、占領しました。いまや住んでいる人もいないただの廃墟なのに、なぜそこに攻め込んだのか。その意図は明かされていませんが、この石棺の中には大量の放射性物質が封じ込められて

ウクライナ侵攻でロシアが最初に狙ったのは、原発事故で今や人が住んでいないチョルノーブィリだった

いて、それを軍事的に利用しようとしたのではないかといわれています。石棺だけでなくチョルノーブィリ全体がいまだに汚染されているので、ロシアの戦車隊が走ると一帯に降り積もっていた放射性物資が舞い上がり、周辺国の放射能濃度が上がってしまったという報告もあるんです。

達也　立ち入るだけで、結果的に放射能攻撃になってしまうということか。でも、その残存した放射性物質だけが目的じゃなさそうだよね。

太我　そのとおり。ロシア側にはまずチョルノーブィリを確保しておかないといけない理由があるはず。もしかすると、石棺の中に放射性物質だけでなく当時の事故にまつわる重要な機密とか、秘密裏に開発していた「何か」が置いてあるのかもしれない。専門家によると、チョルノーブィリはそもそも戦場として適してない場所らしい。なのに、なぜロシアはそこで軍事作戦を行ったのか。そこにロシアにとって有益な「遺産」が眠っているからなんだと思う。

晴人　それだけ放射能が強い所に実際に行くとなると、ロシア軍側にもかなりのダメージがあるはず。そこまでして占領しないといけない理由があるんだろうね。

関係者以外は立入禁止！閉鎖都市・メジゴーリエの陰謀

達也　ロシアという国は隠蔽だらけなんだよね。俺が紹介したいのは、「メジゴーリエ」という地図に載ってない都市について。

晴人　もう名前の響きだけでイカツいね。

達也　メジゴーリエは、ロシアのウラル山脈の南端、周囲が１６００メートル級の山に囲まれたなかにポツンと現れる都市。１９７０年代末から実在していたが「地図上に存在しない街」といわれ、ロシア国内でも知る人は少なかった。１９９０年代になって、アメリカが衛星写真でこの場所に街や採掘場を発見し、軍事施設ではないかと指摘するとロシアは渋々その存在を認め、１９９４年にようやく地図に載るようになったらしい。

大我　本当に軍事施設だったの？

達也　ロシア側はただの採掘場と説明したけど、おそらくは軍事施設。ロシアは旧ソ連時代、冷戦の頃から軍事的な機密を守るためにＺＡＴＯと呼ばれる「閉鎖都市」をつくっていた。このメジゴーリエも暗号名で「ベロレック15、16」と呼ばれていて、一般人の立ち入りは不可能。現在でも都市のなかに入るには許可証が必要で、かなり厳重な審査を受けなくてはいけない。外国人旅行者や報道関係者などは絶対に入ることができないといっていい。

晴人　それだと内部の情報は本当にわからないね。

達也　たしかに内部の写真すら流出していない。このメジゴーリエは、ソ連が崩壊してロシアになっても閉鎖都市としてその存在が隠されてきた。それには何か特別な理由や目的があったと思うんだけど、地図を見るとメジゴーリエのある場所は比較的ウクライナに近い。ロシアは1991年にウクライナが独立してからも、いつかは侵略しようと考えていて、そのための重要施設としてメジゴーリエを存続させているんじゃないか。米軍の見解としては、閉鎖都市は戦争が起きたときのための特殊な化学兵器の開発や、ロシアの要人を隠すために存在しているとしているけど、このメジゴーリエは対ウクライナ戦のためにあったんじゃないかと思う。

観光名所「ウサギの島」には旧日本軍の毒ガス製造工場があった

晴人　俺は日本にあった「地図から消された島」の話をするね。瀬戸内海にある「大久野《おおくの》島《しま》」という小さな島なんだけど、野生のウサギが900羽くらい棲んでいて「うさぎの島」として観光名所になっている。テレビでも紹介されることが多くて、コロナ以前は海外からの旅行客も多かった。だけど、この場所はかつて「毒ガスの島」と呼ばれていたんだ。

達也　ウサギと毒ガスでは、ずいぶんイメージが違うね。

晴人　昭和初期、この島で大日本帝国陸軍が秘密裏に毒ガスの開発をしていたんだけど、重要な軍事施設と見なされて、地図からその存在が消されてしまった。ただ、終戦になると軍は証拠を隠滅。毒物は埋めたり、海に捨てたりした。そして戦後は観光地として再開発が行われ、「国民休暇村」として認定された。噂では、この島出身の政治家がいて、「毒ガスの島」という負のイメージを覆すために国民休暇村を誘致したらしい。

太我　政治的な利権の話にもなるんだ。怖いね。

晴人　ただ、その開発の際に地中から毒物が出てしまって工事関係者が被災したり、土壌汚染で水が飲めないので島の外から持ち込んでいたりと、その影響はまだ続いている。それに、島のあちこちに当時の工場の跡地がたくさん残っている。ここがある意味で心霊スポットにもなっているらしくて……。島では毒ガスの漏洩《ろうえい》事故などによって数百人が亡くなっていて、その霊が彷徨《さまよ》っているともいわれているんだ。

太我　また別の怖い話になった……。

晴人　今ではウサギが名物になってるけど、このウサギはアナウサギという外来種。もともとその島に棲んでいたわけではない。これは毒ガスの開発過程で動物実験を行う必要があり、そのために持ち込まれたアナウサギが逃げ出して繁殖したんじゃないかといわれてるんだ。

達也　ウサギも負の遺産のひとつかもしれないんだね。日本もロシアも戦争関連で何かとヤバい場所は地図から消すし、歴史やその存在自体も消してしまう。でも、いくら地図から消しても当時の何かしらの痕跡は残っているから、それを調べると真相がわかるということだね。

太我　なんか、いろいろ怖かったよ。

達也　個人的にいちばん怖かったのが、太我がいきなり「チョルノーブィリ」って現地の人みたいな発音でしゃべり始めたことだね。チェルノブイリじゃないんだ、と。

晴人　現地からのレポートかと思ったよ。

プーチンは〝クローン人間〟2015年からは「二代目」説

〝不敗の皇帝〟がウクライナ侵攻で杜撰な戦略を連発

政治家転向後は冷徹かつ緻密な戦略で10年足らずで大統領に

今年（2022年）2月にウクライナへ軍事侵攻したことで世界的に批判の的となったロシアのウラジーミル・プーチン大統領。ウクライナでは子どもを含む民間人に多数の犠牲者が出て、核兵器の使用までちらつかせたことで「正気を失っているのではないか」とする説が浮上した。

アメリカが実際にプーチンの精神状態を調査した結果、CIAのバーンズ長官は「狂ってはいないが、時間の経過とともに考え方が凝り固まり、彼に意見できる側近が減ったことで扱いが極端に難しくなっている」と発表した。

プーチンはソ連の秘密警察・KGB出身で、政治家転向後は冷徹かつ緻密な戦略によって、わずか10年足らずでロシア大統領の座に上り詰めた。日本で政治活動を開始してから10年未満で首相になるようなケースはほとんど考えられ

文／佐藤勇馬

ず、どれほど異例のスピードなのか理解できるだろう。

大統領就任後も、２００６年にプーチンの陰謀を追っていた女性ジャーナリストのアンナ・ポリトコフスカヤ氏が暗殺されたり、同年に彼を批判した元ＫＧＢ中佐のアレクサンドル・リトビネンコ氏が多量の放射性物質を摂取させられて殺害されたりといった、冷酷さをうかがわせる事件が続発。国内外の多く人がプーチンの恐ろしさを実感した。

しかし、いずれの事件もプーチンの関与を示す具体的な証拠は一切なく、ＫＧＢ出身者らしい用心深さを見せていたのだ。

その一方、プーチンは記者会見で「テロリストはどこまでも追跡する。便所にいてもぶち殺す」と過激な発言をしたり、上半身裸で乗馬する映像を公開して肉体の強靭さを誇示したりするなどし、ロシアの最高権力者として強いリーダー像を打ち出すことで国民の支持を獲得していった。硬軟織り交ぜた綿密な戦略によって、自らの地位と評価を確固たるものにしていったのである。

だが、ウクライナ侵攻をめぐる一連の戦略や政策は今までのプーチンなら考えられないほど杜撰《ずさん》で、国外のみならずロシア内でも反戦デモが起きるなど批判の声が高まった。

もはや暴走したようにしか見えず、だからこそ先述した「精神を病んでいるのでは」といった憶測が流れたのである。

クレムリンからプーチンが消えた！ 2015年の「空白の10日間」事件

狂気に陥ったわけではないとしても、まるで人が変わってしまったかのようだ。

プーチンすり替え説の主な根拠として「顔の輪郭」「耳の形」「目の色」などの変化が指摘されている

これが比喩ではなく、本当に「人が変わった」とする見方が浮かび上がっている。驚くべきことに、現在のプーチンはクローン人間とすり替わった「二代目」だというのだ。

２０１５年、プーチンが10日間にわたって公の場から突然姿を消し、クレムリン（ロシア大統領府）の動きが停滞。大国のトップが理由を説明せずに「消えた」ことで、ロシア国内だけでなく海外でも混乱が生じた。

重病説や死亡説が流れ、一部では「軍や富裕層の実業家たちが水面下で進めていたクーデターで粛清されたのでは」といった推測もあった。10日後にキルギス大統領との会談に姿を見せたことで騒動は収まったのだが、以降はネットを中心に「プーチンの顔が明らかに変わった」「耳の形まで変化している」といった指摘が相次ぐようになったのである。

プーチンの影武者をつくり、危険が伴う場所へ本人の代わりに行かせるという秘密の計画があったことはロシアが認めている。この計画で影武者用としてつくられたのが、クローン人間だったと見られている。

「空白の10日間」の間に何らかの原因でプーチンはクローン人間とすり替えられ、その後は「二代目プーチン」が大統領としてロシアを動かしているというのである。

であれば、プーチンがウクライナ侵攻で杜撰な戦略を連発してしまったのもうなずける。いくらクローン人間であっても、政治や軍事の才能まではコピーできないからだ。

もしクローン人間にすり替わったのが事実なら、なぜそんなことが起きたのか。ロシア事情に詳しい識者からは「軍や一部の富豪が混乱を生まないように秘密裏にクーデターを起こし、プーチンを粛清してクローンとすり替えた」「ロシア内で復権したフリーメイソンがプーチンのすり替えによって国を乗っ取った」といった意見が唱えられている。

いずれにしても、外見だけでなく政策や軍略にも「違和感」を指摘されているプーチン。クローン人間とすり替えられたのだとしたら、その恐るべき陰謀の背後には誰がいて、どんな目的があるのだろうか。

巨大な地下都市が存在する!? 陰謀都市・モスクワの都市伝説

秘匿されたソ連時代の対核戦争設備の正体

モスクワは東京以上に発達した地下鉄網を持つ都市でもあり、戦勝記念公園の最寄り駅は地下84メートルもの深さにある。これは東京都最深の大江戸線・六本木《ろっぽんぎ》駅の約2倍の深さだ。その背景にはモスクワの地下鉄が第二次世界大戦中に防空壕として使われ、冷戦期には核シェルターとしての利用を想定していたことがある。

　そして、都市伝説として囁《ささや》かれるのが、そのさらに深くに「メトロ－2（第2メトロ）」と呼ばれる秘密の地下鉄が通っているという説だ。

モスクワ市民なら誰もが知る秘密の地下鉄「メトロ－2」の噂

　モスクワは常に〝臨戦態勢〟の雰囲気に満ちた都市だ。例えば、モスクワ郊外には欧米メディアが〝軍事のディズニーランド〟と呼ぶテーマパーク「愛国者公園」やモニノ空軍博物館があり、モスクワ市街の戦勝記念公園内「大祖国戦争中央博物館」では主に大戦期の戦闘機が展示されている。

文／金崎将敬

これはモスクワ市民なら誰もが知っている噂だが、公的にはその存在は認められていない。しかし、かつてのソ連政府や現ロシア政府の高官の一部、そしてモスクワ地下鉄公社の総裁が「メトロ－２」の存在をほのめかしており、２０２０年にはロシア人ユーチューバーが「メトロ－２」を見つけようと地下に立ち入ったところ〝国家機密に触れる〟ことを理由に逮捕されたという。やはり、「メトロ－２」は実在するのだろうのか。

偽ブランド品の工場やカジノが地下空間に広がる〝秘密都市〟

冷戦期にソ連はモスクワの地下にいくつかの地下施設を造っており、一部は現在、見学も可能となっている。その一方で、モスクワ大学の近くにあるという巨大な地下空間は現在も秘匿され、一説に1万５０００人を超える人数を収容できるといわれている。さらに、ここは「メトロ－２」の路線にもつながっているとされる。

これら「メトロ－２」やモスクワ大学近くの地下空間は現在稼働していないと思われるが、２０１１年と２０１３年に、文字どおり地下に潜って活動していた違法滞在外国人労働者が多数摘発されたケースもあり、そうした地下空間に〝もう一つの都市〟が存在する可能性もある。

その摘発例では、90年代初頭につくられ中国人が取り仕切っていた巨大闇市・チェルキゾフスキー市場跡地の地下に、住居や偽ブランド品の縫製工場のほか、カフェ、レストラン、映画館、カジノ、養鶏場などの施設が発見されている。モスクワの地下にはこうした〝秘密都市〟が他にもあるのだろうか？

建設中のモスクワの地下鉄駅。屈指の地下鉄網を持つこの都市には秘密の地下鉄が存在すると噂される

ドローン空爆を避けるため？ クレムリン宮殿付近のGPS異常

モスクワの〝地上〟にも都市伝説がある。カーナビやスマホなどGPS機能つきの端末がロシアで普及したことにより、囁かれるようになったのが、クレムリン宮殿近くではGPSの位置表示が狂ってしまうということだ。その狂いは数メートルや数十メートルというレベルではなく、数十キロも離れた空港を指し示す表示になるという。

ロシアのIT企業の調査によると誤差が出る原因はクレムリン内部にあるとのことで、大統領公邸やプーチンが出向いた先でも同様のGPS表示異常が生じるという。

誤表示先が空港になるのは、ドローンの制御プログラムが空港上空を避けるようになっているこ

2013年、ロシア警察はモスクワの巨大闇市の地下に違法に建造された中国人移民居住区を摘発し200人以上を拘束。2011年には企業敷地内の地下居住区も摘発されている

とを逆手に取ったものだろう。つまり、ドローンによる攻撃を防ぐための工夫なのだ。

閉鎖された細菌兵器開発都市「ザゴルスク６」の黒歴史

都市伝説とは少し違う話となるが、モスクワを取り囲むモスクワ州まで目を広げると、いくつか興味深い施設がある。

その一つが、現在は閉鎖されている「ザゴルスク６」という街で、ここではソ連時代に細菌兵器の研究が行われていた。例えば、１９５９年にインドの代表団がソ連に持ち込んでしまった天然痘を利用して細菌兵器を開発し、「インド１」と命名したという話がある。

もしかすると、ソ連崩壊の混乱のなか、未処理の細菌兵器が人知れずここに放置されたままになっているかもしれない。

大統領「暗殺」で発動するロシアの「核報復システム」

プーチンの死によって「世界核戦争」勃発のおそれが

ロシア、ウクライナ両国のトップを狙った「暗殺戦争」

2月24日、ロシア軍がウクライナへ軍事侵攻し、世界各国を巻き込んだ大事件となった。軍事侵攻直後から、ロシア、ウクライナ両国のトップの命を狙った「暗殺戦争」が水面下で勃発。名うての傭兵や殺し屋が集結する前代未聞の事態となったが、それが「世界核戦争」につながる危険性が指摘され、破滅的な第三次世界大戦へ突入するのではないかと危惧されている。

軍事侵攻から数日後、英紙『タイムズ』が「ロシアがウクライナのゼレンスキー大統領らを暗殺するために約４００人の傭兵部隊を送り込んだ」と報じた。派遣したのは元ロシア軍中佐が設立した民間軍事会社で、クリミア半島など複数の紛争地域でロシア政府のために活動してきた精鋭軍団だ。

一方、ロシアのプーチン大統領の命も狙われている。といっても、ウクライナ側からではな

文／佐藤勇馬

く、ロシア内部で「プーチン暗殺」が画策されているというのだ。

核報復システム発動の条件に「AIが大統領の暗殺を察知」

３月１日、アメリカを拠点とするロシア出身の資産家アレックス・コナニキン氏が「プーチンを戦争犯罪者として捕らえた者に１００万ドル（約１億５０００万円）を支払う」「生死は問わない」とＳＮＳ上で発表し、プーチンの首に懸賞金を賭けた。これによって世界中の腕利きの殺し屋たちが懸賞金を狙い、ロシアへ秘密裏に潜入したとの情報が駆け巡った。さらに米国の情報機関によると、ロシア政府内でも暴走するプーチンへの不満が高まり、暗殺しようとする動きが生まれているという。

しかし、プーチンの死は核戦争の幕開けとなるおそれがある。ロシアには「死の手」と呼ばれる核報復システムがあり、敵国から核攻撃を受けたときに自動的に核攻撃で報復するようになっているのだが、その発動条件に「ＡＩが大統領の暗殺を察知した場合」が含まれている可能性が高いという。

もしそうならプーチンが暗殺された瞬間、ロシアの敵国だと判断された国々へ向けて大量の核ミサイルが発射される可能性がある。欧米諸国はもちろん、ロシアから「非友好国」と判定された日本も標的となりかねない。当然、米国は核を撃ち込まれたとなれば、報復攻撃をするだろう。そうなれば世界中が核戦争の惨禍に巻き込まれることも。

そんな地球滅亡ともいえる瀬戸際に我々はいるのだ。

〝世界最強の男〟ヒョードルの引退興行はウクライナで開催

プーチンに利用される〝ウクライナ生まれ・親ロシア〟の英雄

文／金崎将敬

親プーチン派・ヒョードルの赤の広場での引退試合は中止に

皇帝ヒョードルが母国ウクライナで引退試合か――。

ロシアによるウクライナ侵攻の余波は格闘技界にも及んでいる。かつて世界最強と称されたロシア人、エメリヤーエンコ・ヒョードルの引退試合が延期となってしまったのだ。

ヒョードルは現在45歳。格闘家として最終章に入っており、２０２２年夏、モスクワで引退試合を行うはずだったが、ロシアのウクライナ侵攻によりその計画は中止となった。現在ヒョードルが契約を結ぶアメリカの格闘技団体ベラトール側の説明によれば、ヒョードルの引退試合はモスクワ赤の広場で開催予定だった。クレムリンの了承も得ていたことで国家的イベントとなるはずだったが、世界各国のロシアへの制裁によって多くの選手・関係者がロシアに渡航できず、また国際情勢としてもロシアでのイベント開催は困難という判断だった。

　それにしても大統領府が隣接する赤の広場で格闘技の商業イベントが行えるのは、ヒョードルとプーチン大統領が親密な間柄だからだ。プーチンは以前からロシアの強さの象徴としてヒョードルを称賛してきた。ロシア国内でヒョードルの試合があった際は現地観戦してヒョードル本人を激励していたほどだった。

　ヒョードルは２０１２年に一度引退し、親プーチン派としてロシアのスポーツ省特別補佐官に就任。プーチンのために仕えており、２０１５年に現役復帰する際はプーチンの許可を得ている。

アメリカでもレジェンドとして崇められるヒョードル。ウクライナ侵攻で次の試合は現時点で未定

プーチンのために戦う ウクライナ出身のロシア人

　そういったプーチンとの結びつきの深さから、ヒョードルはＦＢＩ（米連邦捜査局）から事情聴取をされた過去がある。それは２０１８年にヒョードルがアメリカで試合をした際のこと。試合前、ホテルに滞在していたヒョードルの元にＦＢＩの捜査官が訪れたという。ヒョードルと捜査官の間で、どのようなやり取りがあった

ヒョードルは、大統領になる前のトランプが投資した格闘技団体に参戦した過去がある

のか詳細は不明だが、プーチンとの関係や、当時のアメリカ大統領のドナルド・トランプとかつて格闘技イベントでビジネスをしていたことが理由ではないかと推測されている。いずれにしても定期的にアメリカを訪れるヒョードルはＦＢＩの監視下に置かれていることだろう。

格闘技の枠を超えて政治的な存在と化しているヒョードルだが、彼の立場が複雑なのはプーチンの掲げる「強いロシア」に賛同しながら、実はウクライナ出身であることだ。ウクライナで生まれたヒョードルは幼少の頃、ロシアに移り住んでいることでロシア人としての意識を持つ。かつて日本の格闘技イベントに参戦した際には、ウクライナ国籍と表記されたことに不快感を示したといわれ、ロシア人であるという意識が強い。今回のウクライナ侵攻に関して、ヒョードルは何も表明はしていないが、これまで

ヒョードルはプーチン大統領との関係からスポーツ省の要職に就き、ソチ五輪の聖火ランナーも務めた

の彼自身の思想や、プーチンとの関係からすれば、ロシアに正義ありと見ていることだろう。いや、本心は別でもそう言わざるを得ない状況が今のロシアにはある。

　国家忠誠心の強いヒョードルにとって赤の広場での引退試合は光栄の至りだったかもしれないが、もしロシアがウクライナの占領を果たせば、プーチンはこんな驚きの計画を用意しているのではないかと囁かれている。

ヒョードルの、ウクライナでの引退試合である。ウクライナ出身のロシア人が「強いロシア」のためにウクライナで戦う。英雄であるヒョードルが生まれた地での引退試合開催は国家高揚につながる。ロシア側からすれば、これ以上の舞台はないが、政治とスポーツを切り離してほしい格闘技ファンは、複雑な眼差しを送らなければならない。

孤立したプーチンが切望!? 猪木の「モスクワ興行」開催計画

猪木とプーチンがウオツカとキャビアで乾杯する日

文／金崎将敬

旧ソ連でプロレスの大会を開催した実績を持つ猪木

アントニオ猪木、最後の闘魂の旅路は、モスクワ赤の広場で平和の祭典か——。

難病の全身性トランスサイレチンアミロイドーシスで闘病中のアントニオ猪木。一時は死亡説が日本中を駆けめぐるなど、安否が気遣われたが現在は退院。リハビリに励みながら、YouTubeでプロレス関係者や友人たちとの交友や普段の生活ぶりを報告している。これからの猪木にファンが望むことは再び元気な姿をリング上から見せてくれることだが、猪木といえば、野心あふれる政治家としての顔もある。いま永田町では「今こそ猪木の力がロシア外交に必要ではないか」という声が高まっているというのだ。

議員時代の猪木は闘魂外交で独自のルートを築いてきた。これまで北朝鮮、パキスタン、イラク、中国……と一筋縄ではいかない国と結びつきを深め、現地でプロレスイベントをたびたび開催してきている。１９９５年に行われた北朝鮮の興行では２日間にわたり、34万人を動員した。猪木が実現させたイベントには、いま世界を揺るがせるウクライナ侵攻のロシア、すなわち旧ソ連でも大会を開催した輝かしい実績がある。

1989年4月24日、新日本プロレス初の東京ドーム大会での猪木vsショータ・チョチョシビリ。政治の壁を突破して猪木が招聘した旧ソ連の柔道家がチョチョシビリだった。猪木はこの試合で異種格闘技戦初の敗北

猪木とロシアのつながりは、鉄のカーテンに閉ざされていた80年代の旧ソ連時代までさかのぼる。１９８９年４月24日、プロレス界初の東京ドーム大会の目玉として、猪木は旧ソ連のレスリング、柔道の選手たちの招聘《しょうへい》に成功した。当時では考えられないスポーツ交流の実現である。そのプロジェクトのために猪木は旧ソ連を何度も訪問。歓迎パーティーの席でのウオッカ攻勢に怯《ひる》むことなく、すべて飲み干して、逆に旧ソ連関係者を酔い潰したという伝説が残っている。

冷戦終結の象徴的なイベントだったモスクワ興行

そのかいあって旧ソ連のアスリートの招聘に

続いて、猪木はモスクワで新日本プロレスの興行を開催するという快挙を成し遂げる。１９８9年12月31日、モスクワ市レーニン運動公園。新日本の日本人レスラーだけではなく、アメリカのプロレスラーたちも極寒のモスクワの地を踏みしめている。

猪木にはその直前に追い風が吹いた。当時のソ連書記長ゴルバチョフは、当時のアメリカ大統領ジョージ・Ｈ・Ｗ・ブッシュとマルタで会談。冷戦終結を宣言した。その直後に行われたモスクワ興行は、図らずも冷戦終結の象徴的なイベントとなったといえる。

ロシア外交の関係者いわく、「今回、猪木が再びロシアでイベントを行うことで、何かが動くのでは……」と願いを寄せる。湾岸戦争直前にイラクに乗り込み日本人人質を救出した猪木への幻想はいまだに根強い。

猪木とプーチンがウオッカを酌み交わしていた可能性も

ロシアのプーチン大統領は柔道をはじめ、あらゆる格闘技に精通する武道家だ。猪木が旧ソ連と接触していた当時、プーチンはＫＧＢに所属していたが、格闘術習得が必須のＫＧＢでは猪木のモハメド・アリ戦の映像も、人気を博していたという。プーチンがモスクワに滞在していた猪木に対して諜報活動を展開していてもなんら不思議ではない。実際、当時の在ソ連日本大使館の元外交官で作家の佐藤優の証言によれば、ＫＧＢの隠れ家的ホテルで、猪木はＫＧＢの人間たちとウオッカとキャビアで宴会を催していたという。その輪の中で猪木とプーチンがウオッカを酌み交わしていたことは十分に考えられるのだ。

猪木の弟子・前田日明《あきら》もロシア方面は強く、

前田日明引退試合（1999年2月21日、横浜アリーナ）の相手はレスリングでオリンピック3連覇中だったアレクサンドル・カレリン。前田のロシア方面のコネクションがなせる夢のカードだった

多くの旧ソ連系の格闘家を来日させ、ロシアの英雄であるアレキサンダー・カレリンを自身の引退試合に招聘した実績がある。また、石川県知事に当選した馳浩も、猪木ルートによって旧ソ連にサンボ（ソ連で開発された格闘技）留学した過去がある。猪木最後の闘魂外交のバックアップは万全なのである。

なにより世界で孤立状態のプーチンにとっても歓迎すべき計画に違いない。猪木はキューバとも交流があるなど、社会主義国家との結びつきが非常に強い。平和の祭典の名のもとに、猪木を迎え入れることで懐の深さを全世界に示す絶好の機会にもなる。プーチンに政治利用されるおそれもあるが、猪木は相手の懐に飛び込んで時代を動かしてきた。モスクワ赤の広場、猪木プロレスイベントの前夜祭で、猪木とプーチンがウオツカとキャビアで乾杯する日は遠くない!?

第2章 世界の超「陰謀」

都市伝説・考察系YouTuber **コヤッキースタジオ**が語るベストワン

WHOと製薬メーカーを牛耳る闇の支配者による「人類5億人」計画

101歳まで生きたデイヴィッド・ロックフェラー。製薬業界の利益を享受しながら自身は薬を飲まなかったという

コヤッキースタジオ●こやっきーすたじお

“都市伝説テラー”のコヤッキー(左)と“アニメ・漫画アンバサダー”のとーや(右)による都市伝説紹介YouTubeチャンネル。2019年から配信を開始し、登録者数は約60万人(2022年3月時点)。コヤッキー、とーやはともにマンガ好きという共通点もあり、アニメに関する都市伝説も多数発信。関連チャンネル「コヤッキーチャンネル」などでも動画を配信中。

現代の医療ビジネスを支配する世界有数の財閥

とーや　コロナの感染拡大を予防するためのマスクや検温、さらにインフルエンザの予防接種も、私たちは当たり前に行っていますね。このようなことを推進しているのはＷＨＯ（世界保健機関）です。

コヤッキー　コロナに対しても健康面において、いろいろと世界に指示を出していた機関ですね。

とーや　しかし、実はＷＨＯが人々の健康をビジネスの道具としか見ていない組織に操られているとしたら恐ろしくないですか。

コヤッキー　各国がＷＨＯを信じて対策してるから、それが事実ならヤバいです。

とーや　ＷＨＯのみならず、現代の医療を支配している一族がいるのです。それがロックフェラー一族。

コヤッキー　ロックフェラーといえば、石油業や軍事産業、金融業などの企業を傘下に収める世界有数の財閥。

とーや　ロックフェラー一族は世界最大の石油トラストであるスタンダードオイルの創始者ジョン・Ｄ・ロックフェラーと、その弟でナショナル・シティー銀行ニューヨークの創業者ウィリアム・ロックフェラー、この2人の存在によって発展しました。そしてロックフェラー一族の中心産業である石油は、医療と非常に深い関係があるのです。実は薬のほとんどが石油からつくられる化学物質だということをご存じでしょうか。

コヤッキー　石鹸ならわかるけど、飲み薬もですか。

とーや　そうなんです。怪我をしたら絆創膏《ばんそうこう》を貼ったり、目が疲れたら目薬を使ったりしますね。サプリを飲んでいる人もいるかもしれません。しかし、それらは人々を操り、儲けるために仕組まれたロックフェラーの陰謀だったんです。

コヤッキー　我々はロックフェラーの掌の上で転がされている……。

「薬物治療」を中心とする西洋医学を世界に広めた

とーや　例えば、世界の医薬品の売上高トップ20の企業を見てみましょう。このランキングでとくに注目すべきは、20社中8社がアメリカの企業である点です。

コヤッキー　大国だし、人口も多いからランキング入りしているのはそんなにおかしいことじゃないと思いますけど……。

とーや　実はこのアメリカ企業の8社はすべてロックフェラーから資金援助を受けているんです。つまりロックフェラーによって製薬会社が支配されているということは明白です。

コヤッキー　「支配」は大げさと思われる人もいるかもしれませんが、会社って株主のものなんですよね。なので、資金援助ということは相当数の株式を保有しているだろうから、製薬会社がロックフェラーに牛耳《ぎゅうじ》られていると言っても過言ではない。

とーや　そのとおり。ロックフェラー家のなかでも最も長生きしたのは、第3代当主のデイヴィッド・ロックフェラー。彼は２０１７年に１０１歳で亡くなりましたが、かなりの長寿です。

コヤッキー　やっぱり、いい薬を飲んでいたんでしょうね。

とーや　そう思いますよね。でも、彼には３つの健康法があり、それが「外食をしない」「水道水は飲まない」「薬を飲まない」。つまり、自分の健康のためには薬を飲まないが、自身の石油で利益を出すために、世界には薬を広めていたというわけです。

コヤッキー　石油をそのままエネルギーとしても売るし、薬に変えても売っているんだと。薬を飲まないって、現代医療と真逆のことやってるやん。

とーや　さらに薬物療法を近代医療として世界に浸透させていくため、ロックフェラーは医師免許制度の創設にもかかわったといわれています。現代医療が発達する以前は、人間の自然治癒力に基づいて治すことが主流でした。医師として活動するために公的な免許は必須ではなかったのです。それでは薬は売れないので、ロックフェラーは免許制によって西洋医学の「医師」を作り出し、薬物治療を中心とする西洋医学を世界に浸透させていったというわけです。

コヤッキー　今は風邪を引いたら風邪薬、頭が痛ければ頭痛薬を飲むけど、それはある種の洗脳かもしれないと。

とーや　薬による治療が近代医療として広がったことによって、石油から生まれた無数の薬が世の中に出回ることになったのです。でも、そもそも薬は根本的な原因を取り除くものではないんですよ。

コヤッキー　原因に作用するわけではなく、あくまでも対症療法ですね。風邪薬もウイルスを殺すのではなく、症状を抑える薬。

とーや　風邪を完全に治療する薬を発見できたらノーベル賞ものだといわれていますが、それが完成すると他の薬が売れないので、あえてつくっていないという都市伝説もあります。

パンデミックの到来を予言するかのような発言をしていたビル・ゲイツ。世界人口の抑制についても度々言及している

コヤッキー　考えてみると、製薬は人間が生きているかぎり、無限にお金を生みだす仕組みになっていますね。

WHOの拠出額で2位のビル・ゲイツ財団

とーや　さらに、ロックフェラーと同じく、この問題に大きく関与しているのはビル・ゲイツ。冒頭で話したWHOの運営は加盟国や金融機関、財団などによる拠出金で賄われています。実は全体の9・8％が「ビル＆メリンダ・ゲイツ財団」から出資されているのです。この割合はアメリカに次ぐ2位で、イギリス、ドイツ、日本よりも大きいです（2018〜19年）。

コヤッキー　なぜ、彼らはWHOや医療関係にかかわっているのでしょうか。

とーや　その裏には、儲けることとは別に人類を支配する計画があるといわれています。2010年にロックフェラー財団が発表した「未来シナリオ」では、今後世界でパンデミックが起き、マスクの着用、体温チェックが義務化されると書かれているのです。

コヤッキー　まさに我々はシナリオどおりの現実に生かされていると。

とーや　将来のシナリオを描いた行動計画はこれだけではありません。１９９２年6月にブラジルで開催された地球サミットで採択された行動計画「アジェンダ21」でも、人類の未来について言及されています。これは人類活動と環境保全の両立を目指す計画で、世界人口の調整についても書かれていると見られています。最終的な目的は、ジョージア・ガイドストーンのメッセージに基づき「人類を5億人以下に維持する」ことだというのです。

コヤッキー　ジョージア・ガイドストーンとは、アメリカに１９８０年に建てられたモニュメントで、そこにはいろいろなメッセージが刻まれている。支配者階級はこのメッセージを参考に世界の指針を決めているといわれ、メッセージのひとつが「人類は5億人以下を維持する」というものですね。

とーや　そうです。コロナのパンデミックによって、人々はスマートウォッチなどで健康状態のログを取るようになりましたね。つまり、デバイスによって健康状態を管理されているともいえます。これも、人類の管理という点では支配層の思惑どおり進んでいると見えてしまいます。ＷＨＯや医療関係者の発言は信用があるため、疑う人も少ない。このような機関やそこから発信される健康法、医療制度はロックフェラーやビル・ゲイツなどの支配者たちが、世界を都合よく動かすためにつくったものなのかもしれないのです。

都市伝説・考察系YouTuber **SHIN GEN**が語るベストワン

驚愕！世界の99・9％が知らない 人類存亡をかけた「地球異改造《ジオエンジニアリング》」の〝闇〟実態

SHIN GEN●しん・げん
チャンネル登録者数約12万人を誇る、知的好奇心CLUBチャンネル主宰の都市伝説考察系YouTuber。NASA宇宙疑惑、地球外生命体、仮想世界、人類の起源、陰謀論、超古代文明、科学テクノロジー、世界の謎、疑惑、驚愕の真実など、幅広いジャンルの動画を投稿。動画ではMIBスーツに黒のグラサン姿が印象的なアバターを使用。朗々とした語り口による鋭い考察と、ハイクオリティなCG映像で熱狂的なファンが多い。

完全封印された怪しすぎる超巨大地下要塞の謎に迫る

２０１５年頃、長野県軽井沢《かるいざわ》町《まち》長倉《ながくら》に敷地面積約２万２０００平方メートル（テニスコート約84面分）にも及ぶ、地上1階、地下3階、総工費約80億円の超巨大別荘が建てられた。山をひとつ削り、大規模森林伐採を伴う超巨大建設工事であるにもかかわらず、個人の別荘扱いであったため、近隣住民への説明も十分に行われることなく建設された。

この要塞とも見紛う超巨大別荘地の事実上の所有者は、あのマイクロソフト社の創業者ビル・ゲイツ氏ではないかと、地元新聞、雑誌各社、テレビ等のメディアが報じ、その噂は海外でも大きな話題となった。

「火のないところに煙は立たない……本当だとしたら……なぜ日本の軽井沢に⁉」

この疑問がキッカケとなり、実際に軽井沢の〝ビル・ゲイツの別荘〟なる場所を訪ねてみることにした。以下、知的好奇心ＣＬＵＢ専属・ｍａｍｉレポーターによる現地調査報告である。

◇

地元住民いわく、例の建物は現地でももっぱら〝ビル・ゲイツの別荘〟として認識されているようだ。しかし、実際のところ誰が住んでいるのかといった詳細については、町役場などの行政機関や、工事を請け負った建設会社の人間は、まるで箝口令《かんこうれい》を敷かれたかのように徹底して固く口を閉ざしているとのことだった。

そしてまた、別荘の建設中に何度か現場を訪れたことがあるという某建設会社の社長に訊いたところによると「基礎工事の段階から仮設の屋根がつくられ、周囲からはもちろん、上空からも中の様子は完全に見えないようになっていた。目隠し用の仮設屋根の建設費用だけでも1億円くらいはかかったのではないか。施工主はオリンピック会場の設計も手がけた大成建設だし、普通の別荘ではないはずだ」とのこと。

そこまでの大金をかけてわざわざ仮設の屋根をつくって隠すあたり、単なる資産家の個人の別荘レベルではなく、巷《ちまた》で噂になっている〝地下核融合施設〟の存在も現実にあり得るかもしれないと感じた。

◇

ここ最近のビル・ゲイツの動向を注視していると、エネルギー関連や環境問題への取り組みにウエイトを置き始めている傾向が見られる。彼が会長を務める原子力ベンチャー企業の米テラパワーは、日本原子力研究開発機構、三菱重工業と提携し、二酸化炭素を排出せずに生み出せるエネルギー源として核融合炉（次世代高速炉）の開発計画を進めているのだ。

ビルゲイツ氏の別荘と噂される豪邸。門扉の先には一体何が……

撮影●知的好奇心CLUB専属レポーターmami

『マトリックス』の現実世界とビル・ゲイツの目論見

あなたも一度は映画『マトリックス』をご覧になったことがあると思うが、あの映画に出てくる〝現実世界〟の設定は「人類はＡＩ（人工知能）を誕生させたが、やがて敵対するようになった。従来の機械の動力源はすべて太陽光から得ていたため、人類は機械を滅ぼす手段として〝暗雲〟で太陽光を遮《さえぎ》った。動力源を失った機械は人間の身体からエネルギーを得ようとする。人体が生み出す電力エネルギーは１２０ボルトの電池以上、さらに核融合と結合させることにより機械が必要とするすべてのエネルギーを賄うことが可能となる。電池化させられた人間の意識はマトリックス（仮想世界）へと送り込まれ、それを逃れた生身の体を持つ人類は奥深い地下都市〝ザイオン〟で生きる」となっている。

この話とビル・ゲイツ氏の目論見とを照らし合わせてみよう。

①彼が創業したマイクロソフト社は〝人体からエネルギーを得て、その提供者に仮想通貨を付与する〟といった仮想通貨マイニングを行うシステムの特許を取得している。類似する例として、カリフォルニア大学サンディエゴ校では、人体からエネルギーを集め、電気変換できる発電システムを内蔵したシャツを開発。コロラド大学ボルダー校では、体温を利用した指輪やブレスレットタイプの熱発電機も開発されている。

②先述のとおり、ビル・ゲイツ氏が力を入れている核融合炉は〝核融合エネルギーを作り出し、地球上に太陽を再現する技術〟であることから〝人工太陽〟と呼ばれている。また、彼が出資するマサチューセッツ工科大学発の核融合ベンチャーＣＦＳ（Commonwealth Fusion Systems）が２０３０年代初頭の完成を目指している〝人工太陽（核融合炉）〟には「アーク（ＡＲＣ）」という名が付けられている。

③ビル・ゲイツ氏といえば、【ノアの方舟《はこぶね》】の異名を持ち、終末の日に備える目的で、ノルウェー領の永久凍土に「スヴァールバル世界種子貯蔵庫」を設立した主導者であることでも有名だ。人工太陽が「アーク」と名付けられたあたり、ネーミングの綴《つづ》りこそ違えど【アーク＝方舟（ARK）】を連想させる。

この一連の流れや、彼とその背後で世界を動かしている黒幕たちの動きなどから推測すると、彼らの頭の中では「やがて太陽光が遮られ地上に人が住めなくなる近未来の姿」が見えているのかもしれない。なぜ太陽光が遮られるのか？その理由としてまずあげられるのは、〝地球規模の地殻変動や火山活動により、天空を火山灰の暗雲が覆う〟ことや太陽の熱出力変化など——つまり、自然の猛威によるものだ。そしてこれらが現実となれば、地球は氷河期に見舞われる可能性が高くなる。

一方、人工的な遮光法《しゃこうほう》も存在している。ビル・ゲイツ氏は、人類の生き残りをかけた最後の手段（二酸化炭素による地球温暖化を意図的に阻止する手段）＝ジオエンジニアリング（※1）として〝太陽光ブロック計画（成層圏制御摂動実験〈SCoPEx〉）〟にも出資する予定だった。だとすると、次のようなシナリオが浮かんでくるのだ。

「爆発的に増えてしまった地球を蝕《むしば》む人類——その多くの意識をメタバース（仮想世界）に接続し、地球上での活動を停止させたうえで、その肉体をエネルギー源として利用する。そして核融合と結合させ、持続可能なエネルギーを産み出す。万一、計画どおりにコトが運ばなかった場合には、地球温暖化を食い止めるという建前のもと『太陽光ブロック計画』を一時的に遂

※1　ジオエンジニアリング：地球温暖化などの気候変動を抑えるために惑星環境を意図的に操作する地球工学。

行し、人類のメタバース移行を強行させる。だが惑星大改革でもある『太陽光ブロック計画』を実行するには氷河期到来というリスクも伴うため、保険としての役割でもある『人工太陽』の準備や種の保存、地下および月への移住計画も同時進行しておく」

　飛躍した考えと思われるかもしれないが、実際にこれら一連の計画のほとんどが２０３０年に達成される予定（※２）であることからしても、このようなシナリオどおりに進む可能性も、あながち否定はできないのである。

本当の支配者は人間か人工知能か

　結局のところ、映画『マトリックス』での〝現実世界〟において〝人体をエネルギー源として利用〟したのは、「ＡＩ（人工知能）」という設定になっているが、実際に裏でそれを実行しようとしているのは「人間」であり、人工知能は人間に都合のいいときにだけ人類の敵として利用される支配管理用のツールにすぎないのかもしれない。なぜなら、これらすべては〝有史以来この世のすべてを支配する者たち〟が新世界を創造するために必要な計画の一部だからである。

　これから先、人類が「人」として生き残っていくためには、この茶番じみたパンデミックから動き出した「デジタル化」「メタバースへの移行」「人類削減」の一連の流れを創造した〝存在〟に気づくことが必須であり、その思考や計画を読み解くことができなければ、彼らの存在を超えることはできないだろう。

　人類の生き残りをかけた未来の鍵はそこにあるのかもしれない。

※2　これら一連の計画のほとんどが2030年に達成される予定：ドコモ6Gホワイトペーパー（2021年11月公開）では「サイバー・フィジカル融合の高度化」について提言。

都市伝説・考察系YouTuber **イチゼロシステム**が語るベストワン

400万年前に存在「超高度文明」は「ディノサウロイド」(恐竜人間)がつくった!

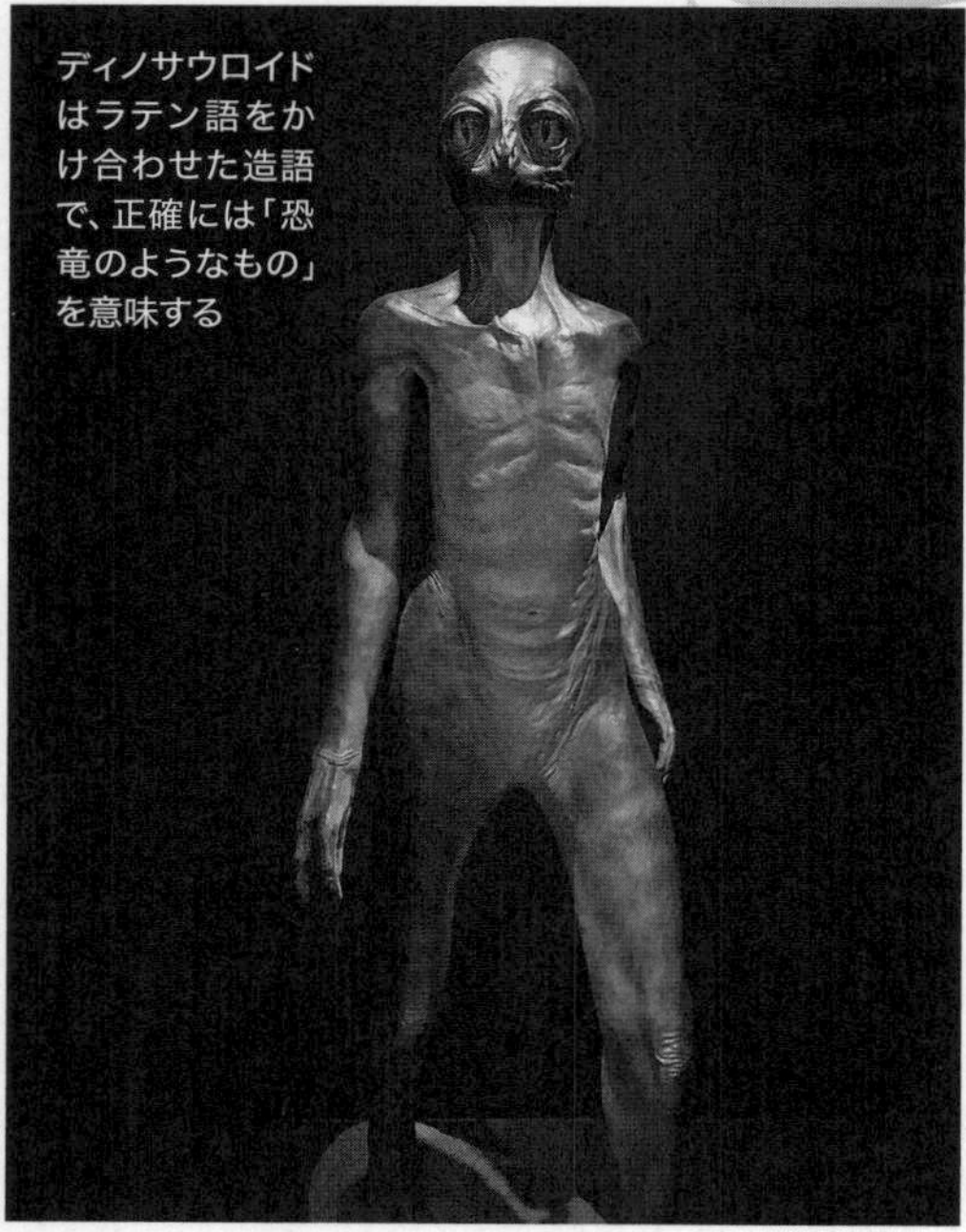

ディノサウロイドはラテン語をかけ合わせた造語で、正確には「恐竜のようなもの」を意味する

イチゼロシステム●いちぜろしすてむ
チャンネル登録者10.4万人(2022年3月現在)の都市伝説系YouTuber。チャンネルの中心人物である「ゆうさん」の素直な物言いとわかりやすい解説に定評がある。都市伝説から宇宙、テクノロジー、社会システムまで、扱うテーマはかなり幅広い。毎週金曜日にライブチャンネル「イチゼロライブ」を配信中。

英国のSFドラマが原点「サイルリアン仮説」とは

英国ＢＢＣのドラマ『ドクター・フー』をご存じだろうか。１９６３年に始まった世界最長のテレビドラマシリーズのひとつであり、異星人が宇宙と時空を自由に行き来して旅するカルトＳＦドラマである。

このドラマには「サイルリアン」というディノサウロイド（恐竜人間）に似た外見の知的生命体が登場する。サイルリアンは人類誕生よりはるか昔に地球に生息していた高度な生命体で、約4億５０００万年前に工業化社会を築き上げたとされている。

もちろん、これはＳＦドラマに描かれた架空の話にすぎない。しかし、人類誕生よりも前に別の知的生命体が存在し、工業化を成し遂げていた可能性がゼロかといえば、実は決してそんなことはないのだ。その可能性を「サイルリアン仮説」という。

具体的には、初期の人類であるアウストラロピテクスの誕生よりもっと昔の時代、４００万年以上前に栄えた高度文明のことを指す仮説で、時期的には「４００万年前から2億数千年前」の出来事とされている。

４００万年以上前というのは、仮に高度文明が栄えていたとしても、その痕跡がほとんど残っていないことを意味する。人類が後世に残す痕跡を研究しているＮＡＳＡ（米国航空宇宙局）の気候科学者ギャビン・シュミット博士とロチェスター大学の天体物理学者アダム・フランク教授によれば、我々の祖先であるホモサピエンスが活動していた痕跡をたどることができるのは約２５０万年前までだという。

例えば、恐竜が地球上に生息していた期間は1億年以上に及ぶが、これまでに全身の化石はわずか数千体しか発見されていないのだ。1億年以上で数千体なのだから、現生人類が地球上に現れてからの数十万年という期間では、化石として残ることは考えづらい。ほとんど残らないと考えるほうが自然だろう。

建造物や機械、道具、日用品などの消費財の痕跡が見つかる可能性も低い。こうした人工物は長期にわたって痕跡が残るものではないうえ、そもそも地球上で都市化されているのは表面積の1%にも満たないのである。

つまり、今から4000万年以上前に文明が栄えていたとしても、その存在を示す「直接的な証拠」が見つかる可能性はきわめて低いということだ。

そう聞くと「痕跡がないなら嘘だ」と思うかもしれない。しかし、証拠がないのは、逆にいうと文明が存在しなかった証拠もないということだ。その点がアトランティスやムー大陸といった比較的近い時期の超古代文明と大きく異なる部分だろう。痕跡がないからこそ仮説の可能性が増大するのである。

恐竜から進化を遂げた知的生命体「恐竜人間」

人類以前に工業化を成し遂げた生物が存在したとしたら、それはどのような知的生命体なのか。前述のドラマ『ドクター・フー』で描かれたサイルリアンは、爬虫類のような外見をしている。とすれば、まず6500万年から2億3000万年前の恐竜時代に高度文明が起こった可能性が考えられる。

その場合、真っ先に思いつくのは冒頭で触れた「ディノサウロイド」だろう。ディノサウロイドとは、トロオドンなどの知能が高かったとされる恐竜をモデルに、１９８２年にカナダの古生物学者デイル・ラッセルによって提唱された「恐竜人間」のことだ。

トロオドンは、全長１・５メートルから２メートル程度の大きさの二足歩行する獣脚類である。しかし、華奢な体のわりに大きな頭蓋骨を持ち、中生代で最も賢かった生き物といわれている。

また、トロオドンは三本指の手（前肢）で「持つ・つかむ・握る」といったことのできる器用さがあり、正面を向いた大きな目は、その配置から考えて立体視（立体的な視覚）が可能だったと推測されている。

仮に恐竜がおよそ６６００万年前に絶滅していなければ、トロオドンのような二足歩行する獣脚類はヒトによく似た性質や特徴を持った知的な生物に進化していたかもしれない――。ラッセルはさまざまな考察からそのように推測したのである。

もっとも、ラッセルが行った考察は、人類が生まれるのに費やした時間や環境、つまり「時期」をモデルにしている。恐竜時代にはまだ文明を築くほどの知的生命体は地球上に存在しようがなかったという前提に基づいているわけだ。しかし、その考え方は率直に言って「哺乳類でなければ高度な文明を築くことなどできない」という思い込みにすぎない。

多くの人は、爬虫類からネズミのような初期の哺乳類、さらに大型の哺乳類と、段階を経ないと高度化した生物にならないと考えるが、哺乳類でなければ文明を起こすことができないわけではない。

たしかに、かつて恐竜は下等な変温動物と考えられていた。ところが、その後、恐竜は哺乳類と同様の恒温動物だとする学説が登場し、最近ではかなり高度な生物だったことが明らかになりつつある。なかには高い社会性を持った恐竜も存在したといわれている。

サイルリアン仮説において工業文明が起こったとされるのは４００万年以上前だ。この４００万年というのは、人類の祖先が直立二足歩行を始めたか、その直前くらいの境目の時期に当たる。このとき人類の脳の容量は５００ccにすぎなかったが、いま我々の脳の容量は１４００ccにまで増えている。生物は４００万年あればそこまで進化するということだ。

すでに高度な生物だったと考えられる恐竜をベースとし、哺乳類にステップアップせずに進化していった生命体が存在したとするなら、人類と同等の文明を築いてもまったく不思議ではないのだ。

高度な知能を持つ鳥類 知的生命体の正体は「鳥人間」?

さらにいえば、高度な文明を起こす知的生命体は人間のような直立二足歩行である必要もない。

よく聞くロジックに「人間は直立二足歩行だから、脳が大型化した」というものがある。樹上生活をしていた類人猿が平地に下り、二足歩行を始めたから重たく大きな脳を支えることが可能になった――。直立二足歩行こそが「脳の進化条件」という見方だ。

ところが、直立二足歩行でなくても高度な脳機能を獲得することは可能なのである。わかりやすい例が恐竜を祖先に持つ鳥類だろう。

卵を産む卵生の鳥は進化の遅れた下等な動物と思われがちだ。鳥のなかでも賢く高い知能を持つオウムでさえ、脳の大きさはクルミほどしかない。しかし、脳を構成する神経細胞のニューロンの密度は一般的な哺乳類の４～５倍ある。

さらに、オウムは言葉を話すことができ、計算能力もあり、人間のような論理的思考もできる。道具を使うことも可能だ。しかも、鳥は脳に酸素を供給するための呼吸能力がズバ抜けて高い。はるか昔に工業化を成し遂げたのは「鳥人間」だったと考えることもできるのだ。

1970年にドラマ『ドクター・フー』に初登場したサイルリアンは爬虫類系ヒューマノイドの種族とされる

サイルリアン仮説は、２億数千万年から４００万年という圧倒的に長い期間に起きた文明である。我々人類がすべての生物のなかで飛び抜けた存在になるのに必要とした年月が４００万年という時間であったことを考えれば、その間に別の知的生命体が高度な文明を起こすタイミングは何度もあったはずだ。

そう考えると、人類以前に高度文明が存在していた可能性は非常に高いといえる。少なくとも、存在しなかったと証明することは誰にもできないのである。

都市伝説・考察系YouTuber **Dave Fromm** が語るベストワン

「監視資本主義」で儲けるIT企業〝絶対王者〟グーグルが世界を支配する日

Dave Fromm●でーゔ・ふろむ
1959年生まれ。アメリカ出身。ラジオDJやナレーター、ファッションモデルを務めるマルチタレント。YouTubeチャンネル「Dave Fromm Channel」では、秘密結社、UFO、暗号資産など多種多様な陰謀やオカルトに関する熱いトークを、ゲストを招き展開している。InterFM897にて、ラジオ番組「The Dave Fromm Show」のパーソナリティを18年以上務める。

検索エンジンの9割を独占 グーグルこそネットの支配者

「監視資本主義」とは、ハーバード・ビジネス・スクール名誉教授のショシャナ・ズボフが提唱した新たな経済システムを指す。英語でいうと「サーベイランス・キャピタリズム」。世界の経済システムとなっている資本主義で、「監視」という要素が非常に大きな意味を持っているという警告でもある。

監視資本主義において「監視」を行っているのは、グーグルに代表されるIT企業だ。彼らはインターネットを支配し、そこから得られる圧倒的な情報を駆使して、我々の行動を監視するだけでなく、コントロールまでしているとさえいわれる。

いまや「ググる」という言葉が一般的になるほど、検索エンジンの代名詞として知られるグーグル。他にも検索サイトやポータルサイトに付属している検索サービスはいくつもあるが、実はその根幹部分はすべてグーグルが提供している。

ある調査によれば、ネット上に存在する92％近くの検索エンジンがグーグルのエンジンを使っているという。つまり、ヤフーを使ってもスマホのブラウザで検索しても、そのワードはグーグルのプログラムを経由して表示されているということになる。検索という機能において、グーグルは圧倒的な寡占状態を続けているのだ。

検索機能はインターネットの入り口であり、案内役。この部分を掌握しているということは、インターネットを使う人間の行動を把握し、ビジネスに活かすこともできてしまうのだ。

世界最大の広告代理店が目指す「行動誘導」による人間支配

検索エンジンを使ったビジネスで、今では当たり前になったものが「ターゲット広告」だ。あるワードを頻繁に検索すると、それに関連した商品やCMが出てくるようになる。例えば、バイク関連のワードをよく検索する人には、バイクショップだけでなく、ヘルメットやグローブなど関連商品広告が表示され、保険までリコメンドされる。

グーグルは検索情報だけでなく、その他の情報もすべて蓄積している。以前はそうした余剰データの使い道はないとされていたが、解析技術が進んだおかげで有用なデータとして活かせるようになり、さまざまな企業に販売しているという。

広告の分野ではロンドンにある広告代理店が世界トップといわれているが（ちなみに電通は世界6位）、グーグルの広告関連事業はその20倍ほどの規模といわれており、世界最大の広告代理店と言っても過言ではない。

グーグルは検索だけでなく、無料・有料含めてさまざまなネットサービスを展開しているが、そのすべてで何かしらの情報を取得、蓄積している。

その膨大なデータを解析し精度を極限まで上げていくと、次の段階では人々の行動を「誘導」することさえ可能になる。

次にあなたが何を買いたくなるのかだけでなく、どういう気分のときに、何を着て、どこに出かけて、どんな食事をするのかまでも予測し、実際に誘導していくのだ。

このために必要なデータは検索履歴だけではない。

あなたが撮った写真を無料のストレージにア

ップする。すると、そのストレージ内のエンジンが写真を解析し、その表情からあなたの心身の状態を予測する。ツイッター、インスタグラム、フェイスブックに載せた写真もすべて解析されていると思ったほうがよい。写真などめったに撮らないし、ＳＮＳもやってないという人も安心してはいけない。スマホに搭載されている「顔認証」機能。これによって表情のデータが取得されている。

画像だけではない。スマホにはマイクが装備されている。このマイクが勝手に起動し、あなたの音声データを取得しているのだ。最近のスマホには音声認識ＡＩが搭載されているが、これも機能をオフにすれば安心というわけでない。「精度向上」の名のもとに、常に付近の音声を解析している可能性が高い。

身の周りにいつの間にか増えていったスマートなデジタルガジェットは、すべて情報収集を行う監視マシンなのである。

これはアメリカで本当にあった話だ。ある独身の若い女性のパソコンやスマホにベビー用品の広告が頻出するようになった。さらに友人から「妊娠したの？」と連絡が来たので、なぜそう思ったのかを問いただすと、「ＳＮＳに『あなたの友人が妊娠したのでベビー用品をプレゼントしよう』という広告が掲載されたから」と言われた。本人はまったくそんな意識はなかったが、あまりに多くの友人から言われるので試しに検査してみると、本当に妊娠していたという。

本人も知らないところで、グーグルのアルゴリズムは彼女が妊娠していることを予想してしまったのだ。

あとから検証してみると、彼女はシャンプーを無香料のものに変えてネット通販で注文していた。食べ物の注文履歴からも嗜好《しこう》の変化を感じとったらしい。他にも写真の表情や行動履歴などから、彼女の妊娠を割り出したようだ。

検索表示のルールは完全な〝ブラックボックス〟

そして検索データを掌握することによって可能となるもう一つのビジネスが「ＳＥＯ」だ。これは「Search Engine Optimization」の略で、表示させたいサイトを検索順でトップになるようにウェブサイトを最適化するという手法だが、検索エンジン側からすれば、表示ルールそのものを自分たちに都合がいいように改変することができる。要するに特定のサイトをトップにすることも、もしくはいっさい表示させないことも可能なのだ。

ネットには不適切なサイトはあるかもしれないが、それを一企業が判断して「検閲」する権利はない。そのため、グーグルは検索しても出てこなくさせるサイトの「ブラックリスト」はないと公言していた。しかし、ある事件からその存在が発覚してしまった。

２００９年の1月31日、世界中のインターネットの検索が「止まった」ことがある。約1時間にわたり、どのサイトも「コンピュータに損害を与える可能性があります」と表示されて閲覧することができなくなってしまったのだ。

この事故に対し、グーグルは当初「プログラム的なバグ」という説明をしていたが、のちにこれがたったひとりのグーグルのエンジニアによって意図的に引き起こされたことが明らかになった。

このエンジニアはグーグル内で共有されていた「検索しても表示しないウェブサイト」のグループ、つまり「ブラックリスト」にすべてのサイトを入れてしまったのだ。

くだんのエンジニアはグーグルを解雇されたが、技術者やギークたちの間では「インターネットを止めた男」として英雄的な存在になったという。

２０１６年の米大統領選では民主党とヒラリーの情報がトップに

これが意味するのは、グーグルは意図的に特定のサイトを見えなくさせることができるということ。つまり情報をコントロールし、人々を扇動することも可能なのだ。

２０１６年のアメリカ大統領選挙の時、共和党のドナルド・トランプに有利な情報を流すフェイクニュースやサイトがネット上にあふれた。この時、グーグルで大統領選に関する情報を検索すると、民主党やトランプの対立候補だったヒラリー・クリントンに有利な情報がトップにあがる現象が起きたという。

グーグルを含むシリコンバレーのＩＴ企業で働いている人々は民主党支持が多く、ヒラリーが有利になるよう検索表示をコントロールしたのではないかと噂されている。

検索エンジンを完全掌握していれば、人々を動かし、国までも動かすことができる。まさに情報が資本であり、それをコントロールできる者が一般市民を支配していく。これが「監視資本主義」なのである。

問題は、一般市民たちが勝手に情報を搾取されていると気づかずにネットサービスを利用しているということだ。

仮に気づいていたとしても、現代社会では身の周りにデジタルガジェットがない生活は考えられない。つまり、もはや誰もこの「監視」からは逃れられないのだ。

都市伝説・考察系YouTuber **MATT** が語るベストワン

コロナ・パンデミックを予言していた「ビル・ゲイツ氏」と「フリーメイソン」

ゲイツ氏は自著『次のパンデミックを防ぐ方法』（22年5月発刊予定）にて、陰謀論にも言及しているという

MATT●まっと
自身の都市伝説チャンネル「MATT SHOW」では陰謀論から予言、日本神話まで嘘かホントかわからない世界の裏側を考察している。チャンネル登録者数は8.18万人（2022年3月現在）でファンは「マ族」と呼ばれている。2021年6月には東京・新宿に、「都市伝説BAR KAMNA（カムナ）」を世界ミステリーchらとオープンさせた。

「Netflix」の一般化を30年前に予言

〝有名な予言者〟といえば、ノストラダムスにババ・ヴァンガ、近年では新型コロナウイルスを予言した占星術師・アナンドなども挙げられる。だが現在、彼らをも凌《しの》ぐ〝最強の予言者〟と密かに噂されている人物が他にいる。それがマイクロソフトの創業者ビル・ゲイツだ。

もちろん彼は財界人であり、決してオカルト系の人間ではない。しかし、新型コロナウイルスに関する予言をことごとく的中させていることから、近年では「闇の勢力の人間では？」と恐れられているのだ。実際、彼はこれまでにどんな予言を当ててきたのか。その足跡を年代順に追ってみよう。

ゲイツ氏の予言者としての片鱗は、すでに１９９４年、『プレイボーイ』誌のインタビューから窺《うかが》える。

「映画を観たくなったと仮定しよう。作品を選ぶ際、他の人のレビューを知りたくなるはずだ。また、ある映画が自分の好みに合うかどうか、自分が過去に観た映画の感想も、判断材料にしたいだろう。未来では、そういった情報がすべてブラウザで閲覧できる。さらに、ビデオを選んでオンデマンドで入手したり、映画の感想を他の人とシェアすることも可能になるだろう」

これは明らかに、昨今のＳＮＳやNetflixなどのオンデマンドサービスを指している。エンジニア出身の彼ならではの着眼点ともいえるが、新時代の光景を見事に予測している。

２０１５年時点で世界の危機は戦争よりも「ウイルス」と指摘

そして、彼の新型コロナウイルスに関する予言は２０１５年。「ＴＥＤ」という講演会での発言から始まった。

「我々の世代が最も恐れ、準備を進めるべきなのは、戦争や核爆弾ではなく空気感染するウイルスだ」

新型コロナウイルスが流行する5年も前に、彼は空気を媒介として感染爆発が起こり、世界中がパニックに陥ることがわかっていたのか。

さらに、２０１７年の世界経済フォーラムではこうも述べている。

「バイオテロによって、今後10〜15年以内に3０００万人の死者が出る可能性があるだろう」

２０２２年2月の時点で、新型コロナによる世界の死者数は５８０万人に達している。今後10年間で変異株がさらに凶悪化していく可能性を考慮すれば、この〝３０００万人〟という数字も、あながち荒唐無稽とはいえないはずだ。

そして同じ２０１７年、彼は世界的なパンデミックに向け具体的な行動をスタートさせている。元妻と創設した「ビル＆メリンダ・ゲイツ財団」を通してこう発表したのだ。

「各国政府や世界的な製薬会社と提携し、そのうえで今後、大流行の可能性がある感染症に有効なワクチンを迅速に開発できる体制を整える」

この財団は２０１９年10月にも、ニューヨークで開催した「イベント２０１」において、コロナウイルスのパンデミックシミュレーションを実施している。コロナが蔓延するほんの数カ月前にそのシミュレーションを行ったとなると、あまりにもタイミングがよすぎるだろう。

だが、これについて彼の元妻、メリンダ・ゲイツの発言から「予知していた」と察することができる。彼女は２０２０年4月に、ＢＢＣラジオのインタビューで「私たちは何年も前からパンデミックに備えていた」と答えているのだ。これら数々の〝完璧な予知〟も、彼にとっては単なる日常に過ぎないのかもしれない。

フリーメイソンは2005年に「中国にウイルスがばら撒かれる」

実はゲイツ氏の他にも、この世界的なコロナショックを予測していた者がいる。それは秘密結社フリーメイソンの上級会員たちで、「アングロサクソン・ミッション」と呼ばれる人類削減計画を目論む集団だ。

彼らは2005年6月に開かれた秘密会議で、いくつかの計画について話し合ったが、そのひとつが「中国にウイルスがばら撒《ま》かれる」というものだったという。中国でパンデミックを発生させ、世界的混乱を引き起こし、第三次世界大戦につなげようという計画だ。

目下、それはほぼ達成されているように見えるが、もちろん彼らの計画をゲイツ氏が把握し

習近平は否認を続けているが、パンデミック直前、武漢ウイルス研究所では研究データ消失など不審な動きがあった

ていないわけはない。だからこそ、彼は持ち前の〝予知能力〟と合わせて、数々の計画を理想的な形で実現させることができたのだ。

実際、ゲイツ氏はこのコロナ禍において事業家として莫大な利益を挙げている。多くの中小企業が苦しんでいるなか、マイクロソフトはアマゾン、グーグルなどとともに、ひときわ大きく売り上げを伸ばした。

ゲイツ氏個人の資産も30％増大しており、仮に彼が「アングロサクソン・ミッション」にかかわっている世界的な富豪たちと結託し、コロナ・パンデミックを意図的に引き起こしたと考えても、無理はないかもしれない。

また一方でゲイツ氏には、新型コロナを利用したとある計画が噂になっている。それは２０２０年3月26日にマイクロソフトが取得した特許にまつわるものだ。その特許番号は「ＷＯ／２０２０／０６０６０６」で、一見すると何の変哲もない英字と数字の羅列に見える。しかし、これを少し違った視点で観察すると、次のような解釈が見えてくる。

冒頭の「ＷＯ」は「Ｗｏｒｌｄ Ｏｒｄｅｒ」の略称で「世界秩序」の意味だ。そして「０６０６０６」という数字は、「０」をはずせば「６６６」になり、不吉の象徴とされる「悪魔の数字」になる。

さらに、申請された特許内容は「身体活動データを使用した暗号通貨システム」というもので、具体的には「人間の身体活動にセンサーが反応し、何らかの活動を行うと仮想通貨が得られる技術」らしい。

これらの事実を合わせると、「ゲイツ氏は人々の体にマイクロチップを埋め込み、それを利益に変える技術を特許として申請した」という、恐ろしい陰謀が判明するのだ。マイクロチップを人体に埋め込む方法としては、以前、異物混入が話題にもなった「コロナワクチン」の可能性が囁かれている。

もしこれが事実だとすれば、感染から命を守るため藁《わら》にもすがる思いでワクチンを打った人々は、密かにマイクロチップを体内に埋め込まれ、知らず知らずのうちにゲイツ氏の資産を増やす駒になってしまうのだ。とても恐ろしい計画に思えるが、彼にとっては、ビジネスの一貫にすぎないのだろうか。

新型コロナよりタチの悪いパンデミックが世界を襲う？

これまで見てきたとおり、ゲイツ氏は昨今のコロナ禍の情勢をかなり以前から見通していたことになる。そして、ここで気になってくるのが「彼は今後、さらなる未来のことも予知しているのか？」という点だ。

この疑問については、彼が『フィナンシャルタイムズ』のインタビューに応じたときの発言に答えが出ている。

「今後、コロナウイルスよりも格段にタチの悪いウイルス・パンデミックが到来するだろう。各国政府は次のパンデミックに備えるため、数十億ドルを捻出する準備をしておくべきだ」

つまりゲイツ氏は、コロナ禍の終息を予知しつつ、さらなる試練が待っていることを示唆しているのだ。現状、コロナ禍の制限された生活に少し疲れてしまった人も多いだろう。しかし、新たな一歩を踏み出さなければ、何かが好転するチャンスも失ってしまう。もしかしたらゲイツ氏は、そういった勇気を持つ大切さも、我々に教えてくれているのかもしれない。

都市伝説・考察系YouTuber **URASEKI**が語るベストワン

「新型コロナ」は闇の支配者たちが仕組んだ〝第三次世界大戦〟である

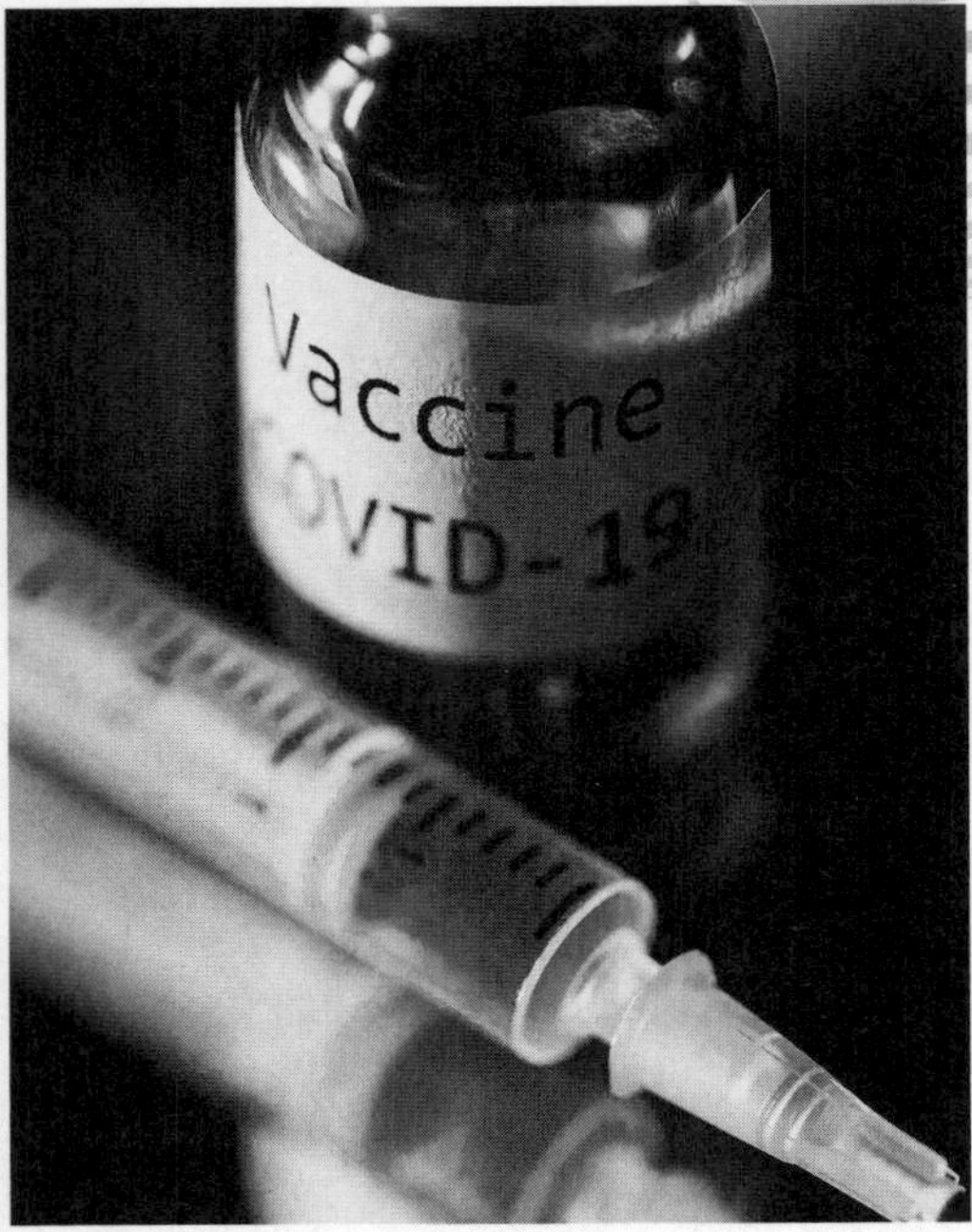

URASEKI●うらせき
主に都市伝説や、スピリチュアルをテーマにした動画を投稿しているYouTuber。テレビ番組『やりすぎ都市伝説』や、Mr.都市伝説 関暁夫のメッセージについての考察も行っている。様々なジャンルについて、わかりやすく整理された解説にはファンが多く、見応えのある動画編集にも定評がある。2022年3月時点でのチャンネル登録者数は3.27万人。

「新型コロナ中国起源説」は闇の支配者によるプロパガンダ

「我々人類にとっての最大の脅威は戦争ではなくウイルスだ」――。

これは、2015年に行われた世界的な講演会「TED」におけるビル・ゲイツの発言だ。

そしてこの言葉どおり、2020年にはコロナウイルスによるパンデミックが始まり、いまだ終息の目処《めど》が立たない深刻な状況となっている。

このコロナパンデミックは、闇の支配者たちによって仕組まれた〝第三次世界大戦〟であることをご存じだろうか。世界の覇権争いはもはや、従来の兵器で街を破壊する形とは異なる、ウイルスを使った戦争に発展しているのだ。

この戦いを仕掛けたのは闇の支配者〝イルミナティ〟の末裔を牛耳るイギリスのロスチャイルド家。そして、その傘下にあるアメリカのロックフェラー家の可能性が高い。

読者のなかには、このパンデミックの「黒幕」は新型コロナウイルスの発生源といわれた中国だと思っていた人も多いだろう。だがそれも、英米の闇の支配者による情報操作の影響を受けているのかもしれない。

実は中国はロスチャイルド家を筆頭とするイルミナティ陣営に唯一反発している国家。そのため、イルミナティ陣営はこの〝戦争〟に乗じて気に食わない存在である中国の地位を落とすため、「コロナウイルスを撒き散らした元凶は中国だ」と大々的にプロパガンダしたのである。

2021年に世界で最も使用されたワクチンを開発したファイザー社がアメリカの会社であることも、この戦争の黒幕が闇の陣営だという推測のひとつ。ワクチンをはじめ、このコロナ禍によって莫大な利益を得ている国はアメリカである。その利益はアメリカを支配するイギリス、ひいては闇の支配者たちに渡っていると考えられる。

彼らはきっと金儲けのためにも、しばらくはパンデミックを収束させるつもりはないだろう。日本もワクチン接種が始まって以来、ファイザー社のコロナワクチンを主に使用してきたが、今後4、5回目と接種が続いても同様にファイザー社のワクチンを買うよう仕向けられていくはずだ。

コロナに対する恐怖心を煽った大手メディア報道の不可解

多くの人が違和感なくこのシナリオを受け入れている最大の要因は、大手メディアによる報道だ。

思い返してみると、「ファイザー社のコロナワクチンは他社よりも副反応が少ない」というような、好印象を与える報道をよく目にしたはずだ。未曾有のパンデミックのなか、国民の主要な情報源となるテレビや新聞の報道を冷静に疑える者は少ない。よって大手メディアの情報を信じ込み、戦争の仕掛け人の意図に沿ってファイザー社のワクチンを打つ人が列をなしたのだ。

そもそも、コロナウイルスはこれほど危険視されるべき対象ではない。その死亡率は、インフルエンザよりもはるかに低いというデータも出ている。にもかかわらず、多くの人が「ワクチンを打たなければならない」と洗脳されているのも、メディアの影響だといえる。連日、テレビが感染者数を報道することで、必要以上にコロナの恐怖心を植えつけているようだ。

コロナワクチンの副反応に関する報道にも気

になる点がある。読者の周りでもコロナワクチンの副反応のひとつである高熱で苦しんだ人はかなり多いのではないか。だが、コロナワクチン接種後死亡者の報告は、接種開始から1年以上たっても2000件にも満たない（2022年2月現在）。高齢者が高熱で亡くなるのはコロナでなくてもあり得る話である。このあまりに少なすぎる接種後死亡報告数を見て、国民がワクチンへの抵抗感を持たぬように情報が操作されている可能性を考慮すべきだろう。

死亡には至らずとも、ワクチン後遺症で歩行障害や記憶力の低下を訴える人もいる。私の知人でも、コロナワクチン接種後にホルモンバランスを崩し、糖尿病になった人もいるのだが、これはいっさい報道されずタブーとなっている。

メディアはコロナワクチンに関する都合のいい情報だけを垂れ流し、そうでないものには蓋をする。実は今、これらの報道の違和感に気づけたかどうかで我々は二極化しつつあるのだ。

コロナワクチン接種に潜むイルミナティによる大陰謀

もちろんこの違和感に気づいた人は、いまだにコロナワクチンを接種していない。私の感覚では未接種者には30代が多い。これは30歳を過ぎれば、それまでの人生経験からメディアの嘘を見破る知識を持っているからと思われる。ただ、40代以上は持病との絡みでコロナワクチンを受けざるを得ないと思う人が多いのではないか。おそらく、今までコロナワクチンを受けてこなかった人たちは、今後コロナ禍が長引いてもコロナワクチンを接種しない姿勢を貫くはずだ。

とはいえ日本政府は、さらにコロナワクチン接種を推奨していくだろう。実際、厚生労働省は今年（2022年）3月から、今まで接種対象から外れていた5〜11歳も接種対象とした（努力義務ではない）。メディアで執拗に「コロナの流行で学級閉鎖が頻発している」との情報を流して親の不安を煽《あお》り、子どもへの接種を進めていくのではないだろうか。

なぜここまでメディア報道を過熱させ、若い世代にも執拗にコロナワクチンの接種を進めるのか。

実は日本は国連から、国民の90％以上にコロナワクチンを接種させるよう命じられているからと考えられる。だが、国連はもちろんイルミナティ陣営。つまり日本は、国連からのノルマを達成するため、ワクチンを受けるか自分で判断できない子どもにまで接種対象を拡大させたといえる。今後もファイザー社やその上層部の人間に金を払い続ける仕組みとなっているのだ。

世界の経済を弱体化させ完全支配を目論む

そしてこの戦争のもうひとつの目的は「経済的な各国の弱体化」だ。

例えば現在、コロナの影響で業績が悪化した事業主は「日本政策金融公庫新型コロナウイルス感染症特別貸付」や「特別利子補給制度」といった制度を掛け合わせて利用すると、実質的に無利子で融資を受けることができる。コロナで明らかに客足が落ちているにもかかわらず、営業を続けている店舗は少なくない。その多くはこの融資制度を使って持ちこたえているわけだ。

だが、融資とは言い換えれば借金のことだ。それらの店はいずれは返さなければならないお金を借り続け、私たちにサービスを提供してくれている状態なのだ。

ほとんどの事業主は、「あと半年くらい耐えれば状況は変わるだろう」と考え、借金で営業し続けているわけだが、残念ながら闇の支配者たちの目論見を考えると、簡単に終息するとは考えにくい。

融資をもらい続けてかさんだ借金は、いつか取り返しのつかない額になる。その時になって店を畳んだところで、再就職する道も見つけにくく、多くの人は自己破産に追い込まれるリスクがある。その後は精神を病み、生活保護に頼る未来が待っているだろう。

個人事業主が再び繁盛する日を夢見て借金し続けるように誘導しているのもまた、メディアだ。メディアは都合の悪い未来はいっさい報じず、事業主の負担を増やし続けるよう仕向けている。店舗が次々と潰れ、失業者が増えれば、経済は当然立ち行かなくなる。最終的には国全体の経済が弱体化し完全なるピラミッド構造、すなわち闇の陣営が支配できる世界が完成するというのが、彼らが考えるこの戦争の顚末《てんまつ》だろう。

この未来を防ぐ唯一の方法はメディアの情報をシャットダウンすることだ。実際、すでに感染が終息した中国では、敵対する闇の陣営のメディアであるYouTubeやGoogleといった情報ツールに軒並み規制をかけていた。国民が誤った情報で操作されることを防ぎ、正しい道へと導いたのだ。

日本はすでにウイルス戦争のシナリオどおりに動かされているため、政府からの情報もすべてあちら側に操作されている。だからまずは、個人でできる防衛策として、テレビや新聞から流れる情報をシャットアウトしてほしい。そして自分の目と耳で得た事実に目を向け、冷静に判断することを心がけてもらいたい。

都市伝説・考察系YouTuber **お茶ノ水ゆにばーす** が語るベストワン

カトリック教会が支配する場所で次々と「児童虐待」事件が起きる怪

数々の性的虐待の対応を疎かにしていたという前教皇のベネディクト16世。立件されず泣き寝入りした被害者も数多いとされる

お茶の水ゆにばーす●おちゃのみず・ゆにばーす
都市伝説界に現れた若き3人組YouTuber。恐れを知らず、主に闇・予言・都市伝説・裏雑学などを考察して紹介している期待の新星。実体験やテレビでは話せない、YouTubeの規制ギリギリを攻める動画が話題に。最近の動画では真実を追求するロケや取材などもしている行動派である。ファンの呼称は「お茶ラー」。登録者数は1.36万人（2022年3月時点）。

世界では毎年８００万人もの子どもたちが行方不明に

現在、世界にはさまざまな社会問題があるが、表に出ることのない深刻な問題のひとつに「児童の失踪事件」がある。

民間ＮＧＯの児童失踪・児童虐待国際センターによると、世界では毎年８００万人以上の子どもが行方不明になっている。これは換算すると、毎日約２万２０００人の子どもが世界のどこかでいなくなっていることになる。

最も失踪件数の多いアメリカでは年間平均約46万人、人口当たりの失踪率が最も高いイギリスでは同約14万人の子どもたちが行方不明に。そのほか、ドイツで年間約10万人、インドで同約７万人、カナダでは同約４万１００人、オーストラリアとスペインでは同約２万人、お隣の韓国では同約３万１０００人もの子どもたちが失踪しているとの見積もりが出ているが、そもそも行方不明届すら出されていない事案も多いという。

その失踪の理由にはさまざまな要因が考えられる。国際的な犯罪組織による人身売買や小児性愛・身代金目的の誘拐、両親の虐待や育児放棄のための失踪、自然災害に巻き込まれての行方不明、自発的な家出のケースもあるだろう。

カトリック教会がかかわったとされる児童虐待事件の数々

では、彼らは一体どこに消えたのか——。実はヨーロッパのカトリック教会が、小児性愛や児童虐待といった非道な行為のために、子どもたちを誘拐していると噂されていることをご存じだろうか。

馬鹿げた話と思うかもしれない。だが、この件は実際にニュースでも取り上げられている。

２０１９年２月６日、英ＢＢＣはローマ法王フランシスコ1世が、フランスの修道会で神父たちが修道女たちを性奴隷扱いしていた事実を認めたと報道。それとともに、「前任者の教皇ベネディクト16世が、勇気を持って女性修道会を解散させた」と証言するが、実はそのベネディクト前教皇こそが、児童誘拐の黒幕だったといわれている。というのも、彼の悪行はこれだけにとどまらないのだ。

２０２２年1月に明らかになった、ドイツの法律事務所「Westpfahl Spilker Wastl」が実施した調査によると、ベネディクト16世（当時は本名のヨゼフ・ラッツィンガーと呼ばれた）は、ドイツのミュンヘン司教区の大司教を務めていた１９７７年から１９８２年の間に、司祭が犯した4件の性的虐待への対応を怠っていたというのだ。この数字はあくまで調査の結果立証された件数にすぎず、表に出ていないケースも数多いはずだ。

さらに、ドイツカトリック教会での虐待をめぐる過去の報告書では、１９４６年から２０１４年の間に全国で３６００人以上が司祭から虐待を受け、被害者の多くは幼い少年たちだったことも判明している。

カトリック聖職者が児童の体と命を弄んだ過去はこれだけではない。

アメリカのペンシルベニア州のカトリック教会についても、過去70年で歴代の神父３００人以上によって、少なくとも１０００人が性的虐待の被害に遭っていた実態が、大陪審の報告によってわかった。被害者の多くは抵抗できない幼い子どもたち。聖職者らは少年少女を強姦《ごうかん》し

アメリカのペンシルベニア州のカトリック教会では、歴代の神父300人以上が少年少女を虐待していたとされる

ていた事実を隠蔽し、自殺に追い込まれる児童まで存在したそうだ。そして、彼らの身体を蹂《じゅう》躙《りん》した聖職者のうちには、のちに教会内で重要なポストに就いたものもいる。

カナダ・カトリック教会が運営　寄宿舎跡から２１５人の児童の遺体

カナダにも気になる事例がある。２０２１年5月に、１００年以上前にカナダ・ブリティッシュコロンビア州に存在した「カムループス先住民寄宿学校」の跡地から、当時の生徒と見られる２１５人の児童の遺体が発掘され、なかには３歳児の遺体も含まれていたという。

19〜20世紀のカナダでは、同化政策として先住民を対象にした寄宿学校が建設されたが、その運営元はカナダ政府とキリスト教会だったのだ。カナダ全土に置かれた寄宿学校の数は１３

9にも及び、そこに送られた生徒は約15万人といわれる。

1890年に開校したこの学校もまた、先住民の子どもたちを強制的に親の手から奪い取り、生活させた場所のひとつだった。そして生徒は日々、学校の指導者によって肉体的・性的な虐待を受け続けた。なかには、施設からの脱走を試みて行方不明になる生徒までいたという。

カムループス寄宿学校から遺骨が発掘されて以降、地中探知レーダーなどを使用した、本格的な先住民寄宿学校の跡地の調査が始まった。すでにサスカチュワン州から751基、ブリティッシュコロンビア州のサザンガルフ諸島から160基以上の無名の墓が発見されており、いずれも寄宿学校の跡地。カトリック教会の息がかかった場所で起きた、悲惨な虐待の実態が暴かれ始めているのだ。

カトリック宗派の「聖体拝領」の儀式を忠実に再現しようとした？

カトリックの司祭を中心とした虐待が多い理由としては、婚姻が認められていないこと、他宗教に比べて同性愛者の割合が高いことなどが指摘されているが、詳細は不明だ。ミサの手伝いに来た侍者やボーイスカウト、コーラス隊といった教会とかかわる少年たち、寄宿学校の学生などが被害者になったと考えられる。

だが、我々はカトリック教会が児童虐待を繰り返す理由はもっと闇深いものだと考える。

キリスト教のカトリック宗派には「聖体拝領」という儀式があるのをご存じだろうか。

「聖体拝領」とは、史実にも残されているキリストの血と肉であるところのワインとパンを食べるのが通例

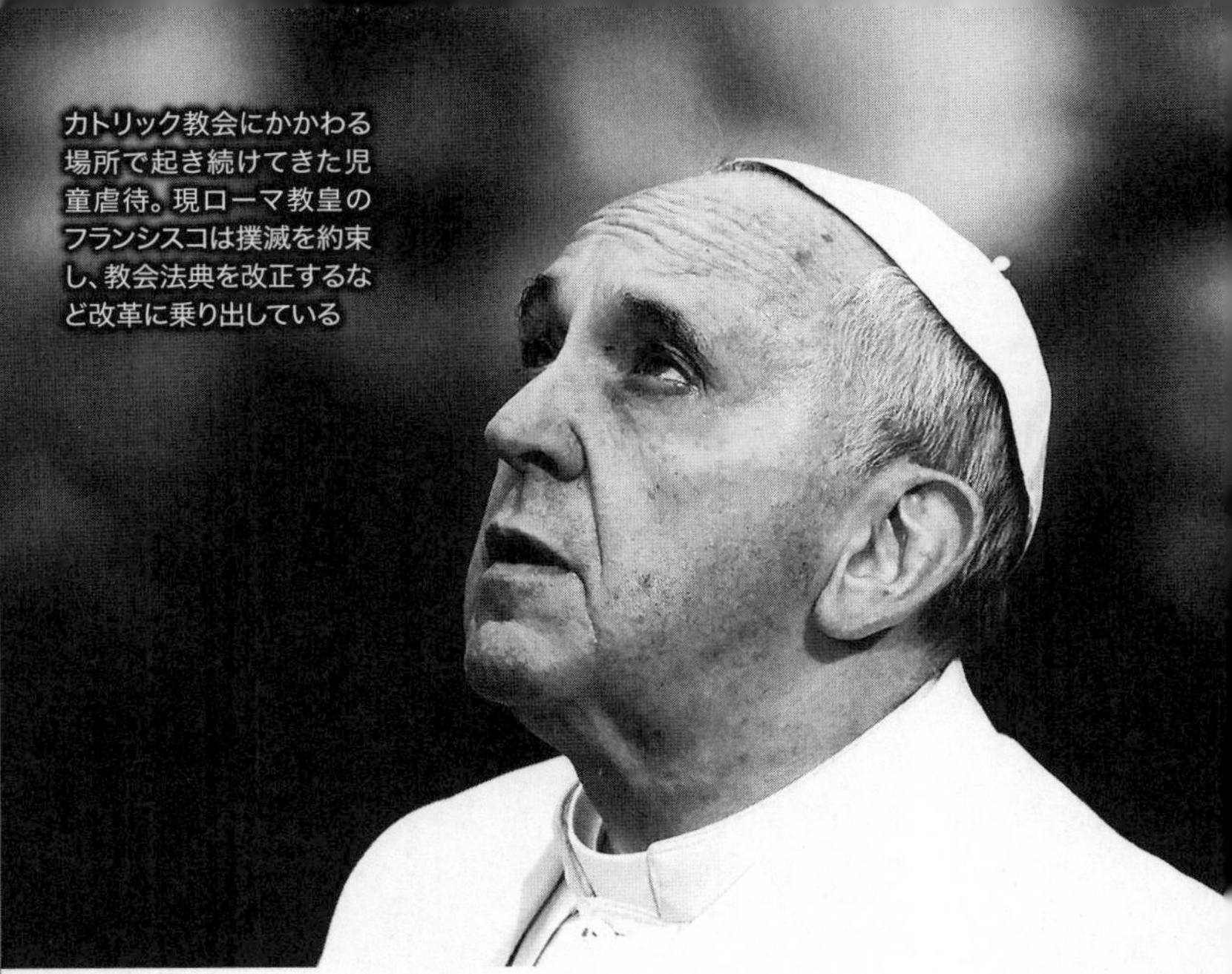

カトリック教会にかかわる場所で起き続けてきた児童虐待。現ローマ教皇のフランシスコは撲滅を約束し、教会法典を改正するなど改革に乗り出している

だ。児童虐待にかかわったとされる聖職者たちは、より忠実に儀式を真似ようと本物の血肉を求め、児童を虐待しているのではないか。

児童虐待のもう一つの目的として、禁断の若返り成分「アドレノクロム」の採取も考えられる。アドレナリンを酸化させたアドレノクロムは、レイプや虐待などで恐怖に陥った子どもの脳内から分泌されるものが最も純度が高いとされる。カトリック教会が組織的に行ってきた児童虐待は、アドレノクロムを採取するための一手段だったのかもしれない。

こうして、世界の子どもたちが聖職者の皮をかぶった悪魔によっておぞましい儀式の生け贄《にえ》にされ続けてきた歴史があるのだ。徐々に世間に実態が明るみになってきたとはいえ、今なお彼らによる虐待は続いているのかもしれない。

陰謀論「Ｑアノン」発信元の正体がついに判明か!?

スイス企業と科学者チームが「正体」をつかんだと発表

文／佐藤勇馬

Ｑアノン信奉者たちが信じる驚きの「Ｑの正体」

近年の陰謀論で最も注目されたのは、「Ｑアノン」だろう。「Ｑアノン」とは米国の極右系陰謀論とそれに基づく政治運動集団の総称だ。

Ｑアノンの始まりは、２０１７年に英語圏最大の匿名ネット掲示板「4chan」に現れた「Ｑ」という人物の書き込みだった。

Ｑの投稿を元に「ドナルド・トランプは、世界規模の児童買春組織を運営する悪魔崇拝の闇の政府と戦っている」といった説が生まれた。さらに、１９９９年に飛行機事故で死去したジョン・Ｆ・ケネディ・ジュニア（ＪＦＫジュニア）について、「現在も生きていて熱烈なトランプ支持者となり、Ｑアノンに賛同している」との情報も飛び交った。

ＪＦＫジュニアは父親のジョン・Ｆ・ケネディに負けず劣らずの国民的人気があり、次期大統領候補（当時）と目されたことでディープ・

ステートから命を狙われ、その魔の手から逃れるために事故死を偽装したとされる。長らく潜伏生活を送っていたが、２０２４年の大統領選でトランプを再び当選させるべく、表舞台に「復活」すると囁かれているのだ。

　準備段階として現在はネットで活動しているとされ、ＪＦＫジュニアこそが「Ｑの正体」だとＱアノン信奉者に信じられている。もしそうなら、ＪＦＫジュニアの復活によって世界がひっくり返ることになるだろう。

Ｑの文体をアルゴリズム解析
分析結果の正確性は92%以上

　しかし、Ｑの正体について別の見方が浮上した。スイスの新興企業と科学者チームがアルゴリズムに基づくテキスト解析ソフトウェアを駆使し、Ｑの文体を分析することで「正体」をつかんだと発表したのである。

　Ｑの正体として名指しされたのは、南アフリカのソフトウェア開発者ポール・ファーバー氏と最近まで札幌に暮らしていたアジア系アメリカ人のロン・ワトキンス氏。研究チームは「ファーバー氏がＱの投稿を始め、その後は同氏とワトキンス氏の両方になり、最終的にワトキンス氏のみとなった」とし、「分析結果の正確性は92%以上」としている。

　両者ともＱアノン信奉者として知られるが、揃って「私はＱではない」と否定している。果たして、Ｑの正体は彼らなのか、それともＪＦＫジュニアなのか。その答えによって、Ｑアノンの未来が大きく変わることになるだろう。

集団的な記憶違い現象「マンデラ効果」の恐怖

事実とは異なる記憶を多くの人々が共有している怪

文／金崎将敬

ポケモンのピカチュウの尻尾は黒だったはず——

マンデラ効果とは、事実とは異なることをなぜか多くの人々が記憶として共有している現象を指す。これは、人種差別と闘って27年間投獄され、のちに南アフリカの大統領となったネルソン・マンデラについて、「彼は１９８０年代に獄中死した」という記憶を持つ人が大勢いたことが話題となり、同種の現象が〝マンデラ効果〟と呼ばれるようになった。

ほかに、「オーストラリアはインドネシアからもっと離れていたはず」「ポケモンのピカチュウの尻尾は黒だったはず（実際は黄色）」「初期のミッキーマウスはサスペンダーを付けていた（実際は付けたことはない）」「東京都の〝大田区〟は〝太田区〟だったはず（そういう事実はない）」「日本の都道府県は48あったはず（実際は47都道府県）」などがマンデラ効果として知られている。

一般的に、マンデラ効果は単なる集団的な記憶違いと見なされ、ネットで流布されることで、その間違った記憶がさらに強化されたものと考えられている。

一方で、スピリチュアルに関心のある人々の間では、マンデラ効果をパラレルワールド（並行世界）間の移動の証拠と見なす考え方が広がっている。つまり、〝ピカチュウの尻尾が黒の世界〟や、〝東京に太田区が存在する世界〟から意図せず移動してきた人々が数多くいて、それがマンデラ効果という現象として表れているというのだ。

さらに、並行世界から移動してきた人は、〝光の戦士〟のような存在としてこの世界を救う使命を持っていると考える者もいる。

反ワクチン論者は並行世界からの〝光の戦士〟？

新型コロナウイルスのワクチン接種に反対する人々のなかにはスピリチュアルに関心を持つ人も多く、マンデラ効果に注目する人も少なくない。

例えば、日本で行われた反ワクチンデモに、「ピ〇チュウの尻尾の先の色は何色？　スマホで検索」と書かれたプラカードを掲示した参加者がいた。言うまでもなくこれはマンデラ効果のことであり、おそらくこの人物は自身と同じような並行世界から移動してきた〝光の戦士〟を探すためにこうした行動を取ったのだろう。

こうしたパラレルワールド説は〝新型コロナ茶番説〟を強化することにもなる。彼らは自分たちの主張が真実であることがすでに明らかになった並行世界から移動してきたがゆえに、それに絶対の確信を持っている……と考えるようになるからだ。

「Qアノン」のようなムーブメントに利用される

この観点に立つと、どんな内容の陰謀論であっても議論も証拠も必要なくなるため、根拠が希薄な陰謀論を流布しつづける「Qアノン」のようなムーブメントとの相性は最高である。仮に、非の打ち所がない反論が出てきたとしても、自分たちが主張していた〝陰謀〟が存在しない並行世界へ移動してしまったと考えればいい。

これはトンデモ度の高い陰謀論にとっては最高の武器となる。しかし、証拠を揃えて論証を図ってきた既存の陰謀論者たちはたまったものではないだろう。「まじめに陰謀論をやれ」と小言の一つも言いたくなるかもしれない。

反ワクチン界隈では、ワクチン接種の有無により世界が分岐し、ワクチンを打った人は〝ディープ・ステートに支配された世界〟へ、打たなかった人は〝ディープ・ステートの支配から解放された世界〟へ行くという考え方もあるようだ。

思想信条の自由があるとはいえ、こうした形で陰謀論のつじつま合わせをしていくと、次第に仲間内でしか話が通じなくなり、必然的にそうした集団は先鋭化していく。やがて、〝真実を知る世界からきた我々〟がこの世界を変えようとしてテロ行為を図ったり、あるいは元の並行世界へ戻ろうと集団自殺に走ったりしてしまう可能性も否定できないのである。

第3章

日本の超「陰謀」

都市伝説・考察系YouTuber **コヤッキースタジオ**が語るベストワン

安倍辞任も！日本の重要政策は米国のシンクタンク「CSIS」が決めている!?

日本を動かし利益を得ている米国のシンクタンク

とーや　日本の若者の投票率はかなり低いです。例えば２０２１年10月に行われた第49回衆議院議員選挙での20代の投票率は36・5％となっています。この低投票率の一因は政治家の印象を悪化させる、メディア報道だといわれます。

コヤッキー　悪いニュースばかり報じられると視聴者は政治家に幻滅し、「投票しても変わらない」と思い込んでしまいますよね。

とーや　もちろんネガティブなニュースのほうがインパクトがあり、視聴率を稼ぎやすい側面もある。しかし、本当は日本の政治家たちの印象を下げ、投票率を抑えようとしている組織がいたら……と考えると怖くないですか。

コヤッキー　メディアをはじめとする、日本を牛耳っている組織がいる可能性があると。

とーや　そうです。それが「ＣＳＩＳ」(Center for Strategic and International Studies：戦略国際問題研究所）と呼ばれるアメリカのシンクタンクなのです。ＣＳＩＳは一言でいえば、日本を動かし巨大な利益を生み出している組織なのです。

　２０１３年４月19日に、当時の副総理である麻生太郎氏がＣＳＩＳを訪れ「日本の国営もしくは市営水道はすべて民営化します」と発言しています。しかも、この話は当時、日本では非公表とされていました。

麻生元副総理がＣＳＩＳを訪れ水道事業の民営化を宣言

コヤッキー　水道といえば重要なライフラインですね。人体の約60％は水でできており、水を

1滴も飲まないと人間は4~5日で命の危険にさらされるといわれています。水道を民営化したら、どうなるんでしょうか。

とーや　地域によっては料金が変動する可能性があります。例えば人口が多い地域は水道を使う人も多いので、一律８５０円で済むかもしれませんが、田舎のような人口が少ない地域で儲けようとすると水道料金が６０００円ほどになる可能性がある。ただ、水道はライフラインなので高くても払わざるを得ないのです。

コヤッキー　デメリットしかないやん。実際に民営化しているところはあるんでしょうか。

とーや　フランスのパリは水道の民営化をしました。１９８５年に水道事業をヴェオリア・ウォーター社などに委託した結果、２００８年までに水道料金が１７４％増加。それにより、フランスは２０１０年に再び水道事業を公営に戻しました。ただ、日本も同じ道を歩いています。２０１２年に愛媛県松山市の水道事業は海外企業が受託するようになり、民営化されているのです。しかも、その会社がパリと同じヴェオリア・ウォーター社。

コヤッキー　日本企業ではないと。

とーや　そうなんです。水道事業の受託は一部のみですが、それでも松山市は4年間で水道料金が２・５倍に増える事態に。また２０２１年

2013年にCSISで水道民営化を宣言した麻生太郎

７月には、宮城県で水道事業を民間企業に売却する議案が可決されました。しかも、この運営会社の半分以上の株はヴェオリア・ウォーター社が保有しています。

コヤッキー　パリと同じことが起きていますね。麻生さんがＣＳＩＳで言ったことが実現されている……。

とーや　他にも日本にとってよくない事態が起きているのです。２０２１年５月に話題になったニュースを覚えていますか？

コヤッキー　ガッキーと星野源の結婚ですか。

改正銀行法、公務員の増加……日本の国力を低下させる政策

とーや　そうです。ただ、こういう明るい芸能ニュースが話題になる時には、裏でとんでもないことが起こっている可能性が非常に高いのです。それが「改正銀行法」の成立です。これにより、今まで銀行が一般事業会社の株を買う際、５％が上限だったのが、非上場の場合などにかぎり１００％に引き上げられました。また、海外の投資ファンドが日本に参入しやすくする法案も可決・成立しています。つまり、パンデミックで大打撃を受けた日本の中小企業が外国の企業に完全に買われてしまう制度が整ったわけです。

コヤッキー　海外の企業が日本の企業を買収して日本人を働かせて稼ぐことが簡単に可能になると。でも、これがＣＳＩＳと何の関係が？

とーや　実は、ＣＳＩＳが２０００年から発表している報告書「アーミテージ・ナイ報告書」の中で同じような内容のことが書いてあったのです。ちなみに、報告書では集団的自衛権の行使、秘密保護法制定なども日本に求めており、

報告書発表から数年後に関連の法律が成立することも多いのです。

コヤッキー　ガチでＣＳＩＳに日本操られてるやん。

とーや　しかも、ＣＳＩＳは日本をさらに弱体化させ、国ごと乗っ取ろうとしているのかもしれません。その一つとして挙げられるのが公務員の増加です。

コヤッキー　なぜそれが国力低下につながるんですか。

とーや　公務員を増やして、技術職不足を招こうとしているのではないかといわれています。実際に、高度経済成長を支えたような日本の技術力は低下していて、アニメーターやＩＴなどの専門性を持った人材も海外へ流出しています。しかも、公務員は安定しているため、離職率が低く他業種に移る人も少ない。

また、人手不足を解消させるために移民の受け入れなども検討されていますが、これも国の不安定化につながるといわれています。一例をあげるとスウェーデンは移民人口率が世界1位なのですが、同時に犯罪率も1位。移民政策により国の安定が損なわれてしまうこともあるのです。こうして、じわじわと国力を弱体化させた後に、ＣＳＩＳは日本の利益や利権を奪い取ろうとしているのではないかと見られています。

コヤッキー　国民の税金などでつくった仕組みや技術をいいところまで成長させて、国ごとかっさらうと。

とーや　先ほども言ったように、ＣＳＩＳは発表する報告書によって日本の政治に大きく影響を与えています。２０２０年7月23日にＣＳＩＳの報告書が公開されているのですが、その直後、安倍総理が辞めました（8月28日に辞任発

「アーミテージ・ナイ報告書」を作成したリチャード・アーミテージ。日本を飼い慣らす人物という意味の「ジャパンハンドラー」の代表

表）。報告書には日本が中国と親密な関係を築こうとしているという内容が記載されていた。つまり、アメリカを除いて勝手に中国と仲良くしようとしたことが問題だといわれ、直後に総理大臣が辞任しているのです。こうして、日本のトップすら動かす勢力が日本の弱体化も狙っていると言っても過言ではないでしょう。

コヤッキー　企業買収と同じような感覚で国の買収が始まる可能性もある。そんな壮大な計画に今、日本に住む我々は巻き込まれているかもしれないんですね。

とーや　冒頭の選挙の話に戻りますが、どこに投票するかは個人の自由です。でも、政治家は投票率が高い世代に対する政策を優遇します。日本を弱体化させるような政策がつくられないために、若い人も選挙に行きましょう。

都市伝説・考察系YouTuber イチゼロシステムが語るベストワン

〝スパコンの天才〟が詐欺と脱税容疑で逮捕「東京地検特捜部」が動いた不可解

〝スパコンの天才〟と呼ばれ偉業を達成した齊藤元章氏

「エクサスケール」と聞いても多くの人は何を意味する言葉なのかよくわからないかもしれない。エクサはキロ、メガ、ギガ、テラ、ペタに続くコンピューターの記憶容量を表す単位で10の18乗を表す。この「エクサ」性能によるスーパーコンピューター（スパコン）の処理を「エクサスケール・コンピューティング」（略してエクサスケール）と呼ぶのだ。

それではエクサスケールによって世界の何が変わるのか。スパコン向けプロセッサーを開発する「ペジーコンピューティング」創業者であり、多数のスパコン関連会社を抱えるペジー・グループ元代表でもある天才開発者・齊藤元章氏は、２０１４年に発表した著書『エクサスケールの衝撃』（ＰＨＰ研究所）で、「エネルギーがフリーになる」「働く必要のない社会が出現する」「人類が不老を得る」という予測を行った。つまり、人類の未来を劇的に変えるというのである。

齊藤氏の予測や提言は、今ならＧＡＦＡのＣＥＯであれば誰でも語ることができる。むしろ、それくらいのビジョンを持っていなければ、巨大ＩＴ企業のリーダーは絶対に務まらない。

とはいえ、齊藤氏が語る内容が当時、都市伝説やＳＦの類いと思われていたのも事実だろう。「大ボラ吹き」と陰口を叩く人もいたようだ。しかし、今となってはそれが荒唐無稽な話ではなかったことを多くの人が知っている。齊藤氏が示したのは、確実に訪れる未来社会だったのだ。

この齊藤氏の実績には特筆すべきものがある。

まず2014年11月に国産スパコンの「Suiren（睡蓮）」を7カ月という短期間で開発し、スパコンの省エネ性能を競う「Green500」で世界2位に。2015年7月の「Green500」では理化学研究所に設置した「Shoubu（菖蒲）」が世界1位、高エネルギー加速器研究機構（KEK）に設置した「Suiren Blue（青睡蓮）」が2位、「Suiren」が3位を獲得した。

さらに、同年11月の同大会でも「菖蒲」が世界1位となっている。2016年6月の「Green500」は「菖蒲」が世界1位、理化学研究所に設置した「Satsuki（皐月）」が2位に。そして、2017年6月の「Green500」では自身が創業したペジー社の「kukai（空海）」で世界2位を獲得している。

名声を誇った齊藤氏だが、この半年後、まったく違う意味で渦中の人となる。2017年12月、齊藤氏は「日本最強の捜査機関」と呼ばれる東京地検特捜部に助成金詐欺容疑で逮捕されてしまったのだ。2018年1月には外注費の架空計上で法人税を免れたとして脱税容疑でも再逮捕されている。

世界を変えるかもしれないと期待された研究開発者がなぜこのような事態に陥ってしまったのか。その裏には陰謀の匂いがプンプンするのである。

齊藤氏と山口敬之氏の「関係」特捜部が動いた本当の理由とは？

陰謀が疑われる理由のひとつに、齊藤氏と元TBSワシントン支局長・山口敬之氏の関係があるといわれる。

山口氏はフリージャーナリスト・伊藤詩織さんに対する準強姦疑惑事件における渦中の人物

として知られるが、安倍晋三元首相や麻生太郎元財務相と近い間柄にあることは有名な話だ。在職時には安倍政権の人間ドラマを描いた『総理』（幻冬舎）という著書も出版している。

齊藤氏は、この山口氏と深いつながりがあったようなのだ。

齊藤氏は２０２０年３月に東京地裁で懲役５年の実刑判決を受けたが（控訴中）、現在も一般財団法人「日本シンギュラリティ財団」の理事を務めている。この財団を設立して代表理事に就任したのが山口氏だ。山口氏はペジー社の顧問にもなっている。

また、山口氏が拠点としていた「ザ・キャピトルホテル東急」にある賃貸フロアの一室も齊藤氏が提供したものだと報道されている。つまり、齊藤氏は山口氏のパトロン的存在だった可能性が高いわけだ。

齊藤氏の逮捕容疑のひとつは経済産業省が管轄する国立研究開発法人「ＮＥＤＯ（新エネルギー・産業技術総合開発機構）」から助成金、約６億５０００万円を不正にだまし取ったこととされるが、この助成金に関して山口氏がパイプ役となった可能性が囁かれている。スパコン関連の助成金は経産省との結びつきの強いＮＥＣや富士通など大手ＩＴに流れるのが一般的であり、ベンチャー企業が助成金を受け取るためにはなんらかのコネクションが必要となる。

もうひとつの理由は東京地検特捜部の事情だ。実は齊藤氏が逮捕される数年前、大阪地検特捜部による証拠改ざんや隠蔽などの不祥事が立て続けに表面化し、検察組織の体質が改めて問われていた。正義を執行する立場の検察が証拠改ざんなどの不正行為を問われるのは汚名以外の何物でもない。おそらく検察側は「一刻も早く名誉挽回しなければならない」と考えたのではないか。検察組織の透明化を図るのではなく、わかりやすい成果を求めた――。

特捜部に求められる成果といえば、「巨悪を眠らせない」ということ以外に考えられない。そこで政界の大物と近い山口氏の〝パトロン〟齊藤氏を標的にしようと考えた。齊藤氏を逮捕し徹底的に調べれば、それを突破口にして安倍元総理や麻生元財務相の「政治とカネ」の問題につながるかもしれないとの思惑があったのではないだろうか。

つまり、検察組織のための「国策捜査」疑惑である。

検察による恣意的な捜査といえば2000年代半ばのライブドア事件を思い起こさせる。また、天才開発者を逮捕したという意味では、2000年代初頭に起きたWinny事件にも近いかもしれない。

「巨悪」とは決していえない？ 特捜部が動く「案件」だったのか

もっとも、特捜部が大々的に捜査しなければならない巨大な疑惑が齊藤氏にあったのならば、陰謀や国策捜査という見方は的外れなものとなる。

しかし、齊藤氏の容疑は「助成事業で費用を水増しした虚偽の報告書を提出して助成金の約6億5000万円を搾取した（私的流用）」「ペジー社の法人税約2億3000万円を脱税した」というものにすぎない。

そう聞くと「助成金の不正受給は十分に厳罰に値する」と思うかもしれないが、これは本来、だまし取ったというより会計処理の問題なのだ。

実際に世界的プログラマーの中島聡氏も、ウェブ上の自身の連載コラムで「ベンチャー企業が出資金を用途以外に使うことは日常茶飯事なのに、なぜ逮捕にまで至ったのか？」と大きな違和感を表明している。

ベンチャー企業は市場の変化に応じた柔軟な経営が求められる。中島氏がいうように、投資家から集めたお金を計画以外のものに使うのはよくあることで、普通なら投資家もそこまで口を出すことはない。

誰もが認める天才だった齊藤元章氏だが、レーシングチームへの出資や高級マンションの所有など派手な出費も多かったという

ところが、ペジー社に出資したのは一般的な投資家ではない。経産省が管轄する独立行政法人である。特定のプロジェクトに委託開発のような形で助成金を出すために事件になった可能性もある。

だとしても、執行猶予がつかない懲役5年という量刑はあまりにも不可解だろう。だからこそ、そこに陰謀の匂いを感じるのだ。

もともと法律というのは権力者にとって都合がいいように作成されている。解釈次第でいかようにも運用できるあいまいな内容が多いのはそのためだ。特捜部には「疑わしきは罰せず」という刑事訴訟の原則は通用しない。齊藤氏が思い描いた未来社会は、決してこのような未来ではなかったはずである。

都市伝説・考察系YouTuber MATTが語るベストワン

狙われた日本の資本主義システム
フリーメイソンの「渋沢栄一」洗脳計画

子沢山だった渋沢栄一。フリーメイソンの思想は子孫にも受け継がれているという説も

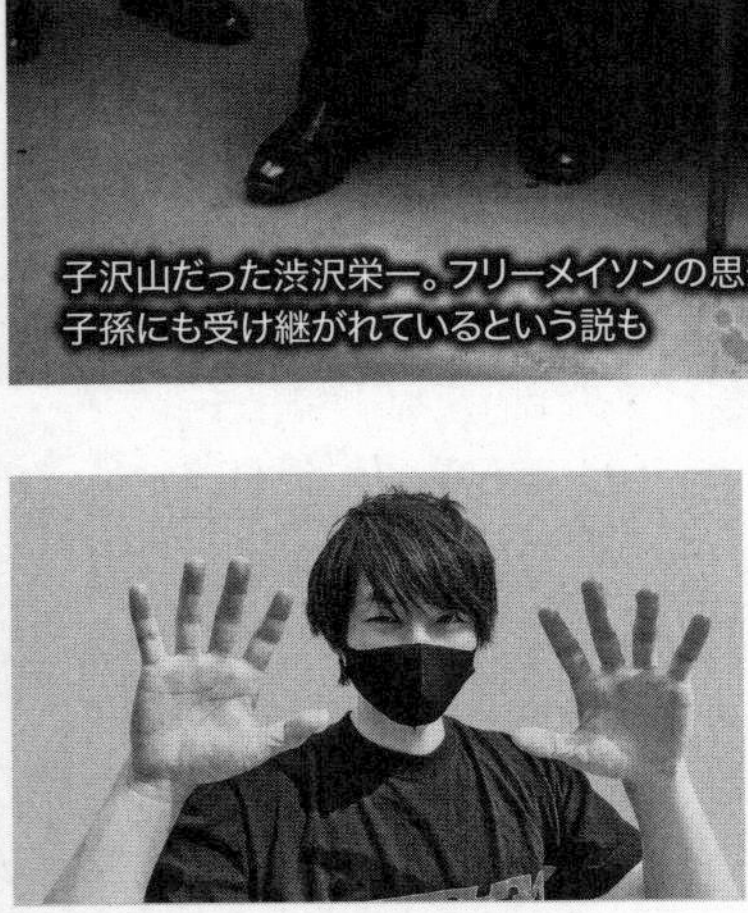

日本資本主義の父 新1万円札の「顔」

2021年2月から12月まで放送されたNHK大河ドラマ『青天を衝け』。同作の主人公は、「日本資本主義の父」と称される実業家・渋沢栄一だ。渋沢は2024年から新1万円札の〝顔〟にもなる人物で、今や彼の名前を知らない日本人は少ないだろう。

そんな渋沢が残した功績は枚挙にいとまがない。日本初の近代的銀行とされる第一国立銀行(現・みずほ銀行)、東京証券取引所、JR、帝国ホテル、キリンビール、一橋大学など、さまざまな企業、経済団体、学校の設立・運営に携わった。その数は企業だけで500社以上といわれている。

これだけ日本社会に多大なる影響を与えた渋沢だが、実は彼がフリーメイソンやロスチャイルドなどとかかわりがあったことをご存じだろうか。渋沢と「世界の黒幕」がつながっていた事実を話す前に、まずは簡単に渋沢栄一という人物と彼の足跡を説明しておこう。

尊王攘夷思想と 徳川慶喜との出会い

渋沢は1840年、江戸時代末期に現在の埼玉県深谷《ふかや》市血洗島《ちあらいじま》に渋沢家の長男として生を受けた。実家は「藍玉《あいだま》」という染料や、養蚕《ようさん》、米や麦を扱う農家で、その土地では裕福な家庭だったという。幼少期より藍玉の仕入れから販売までを行っていた渋沢は、家業を手伝うことで商業的なセンスを身につけていく。7歳になる頃に近所の私塾に通い始め学問と剣術の勉強をしていくのだが、実はこの私塾では当時流行していた「水戸学」なる学問を教えていた。水戸学を簡単に説明すると、「日本、そして天皇を邪険に扱う異人は許さない」「異人に対して腑《ふぬ》抜けた態度の幕府は倒す」というもの。渋沢は次第に、こうした過激な尊皇攘夷思想を持つようになっていったのだ。

そして1863年、23歳の渋沢は従兄弟たちとともに、高崎城の乗っ取りと横浜外国人居留地の襲撃を企てる。高崎城を襲撃して武器を奪い、一気に横浜まで攻め上げて、外国人を片っ端から惨殺するという計画だ。大量惨殺の後に外国と幕府を戦争状態に持っていき、幕府が弱り切ったところで討つ、というのが計画の青写真だったという。

結局、この計画はあまりに無謀だったため、渋沢の従兄弟たちの説得により中止となった。もしもこの計画を強行していたら、渋沢は今とは違う形で後世に語り継がれる存在になっていたかもしれない。

その後、渋沢は藩や幕府にこの計画がバレることを恐れ、京都へ逃亡を図る。当時、渋沢は一橋慶喜《ひとつばしよしのぶ》（のちの徳川慶喜）の家臣・平岡円四郎という人物とかかわりを持っており、平岡の家来を装って難なく京都へ向かった。

平岡の手助けもあり、渋沢は無事、逃亡に成功。京都に着いてからは慶喜に仕えることに。しかも、持ち前の商才を生かして一橋家の財産を潤沢にさせ、慶喜からの厚い信頼を得るまでのポジションに成り上がったのだ。その後、慶喜は徳川15代将軍に。渋沢は慶喜に重用される家臣となる。

慶喜が将軍になると、渋沢は慶喜と直接面会できなくなってしまう。それでも、慶喜は渋沢を高く評価していたため、フランスへ渡る弟・

徳川昭武に同行させ、幕府の代表としてパリ万博への参加や昭武のフランス留学の庶務・経理係を担当するよう命じたのだった。

この渡仏をきっかけに、渋沢はフリーメイソン、ロスチャイルドといった世界の黒幕たちと浅からぬ関係を持つようになっていくのである。

フリーメイソン会員だった シーボルトの息子が通訳

フランス行きの船の中で、渋沢は通訳として同行していた人物と知己を得る。それがアレクサンダー・フォン・シーボルトである。彼の父親は長崎の出島で医師などとして活動したドイツ人、フィリップ・フランツ・フォン・シーボルトだ。父のシーボルトはフリーメイソンのメンバーだったと判明しており、同じくフリーメイソンメンバーで日本に開国を迫ったペリーに情報を提供していたといわれている。そして息子はオーストリアと日本の不平等条約成立に暗躍し、オーストリア皇帝から勲章を授与されている。このオーストリア皇帝もフリーメイソン擁護派の人間である。息子のシーボルトが父・フィリップ同様にフリーメイソンだったという証拠は見つかっていないものの、フリーメイソンだったとしてもおかしくはないだろう。

フランスに到着した渋沢は、シーボルトの案内でヨーロッパ各国のあらゆる施設を訪問する。イギリスに行った際には英国の中央銀行であるイングランド銀行にも視察へ行っている。イングランド銀行はロスチャイルド家の支配下にあり、そんな場所へ視察に行けたのも、シーボルトの存在があったからだと考えられる。他にも、ロスチャイルド家が金融市場を支配する拠点だった金の精錬所も見学したという。

ロンドン・ロスチャイルド家初代の
ネイサン・メイアー・ロスチャイルド。
世界の金融界を牛耳った銀行家だ

ロスチャイルドから資本主義システムを学んだ

渡仏後にはシーボルト以上に渋沢に影響を与えたとされる人物がいる。フランス人銀行家のポール・フリュリ=エラールだ。この男が渋沢に最新の金融システムや資本主義経済の仕組みを教えたと言い伝えられているのだが、エラールもロスチャイルド側の人間だったと噂されているのだ。

というのもエラールの銀行、フリュリ=エラール銀行はフランス最大の銀行であるソシエテ・ジェネラル銀行の支配下だった。このソシエテ・ジェネラル銀行の設立にかかわっていた人物こそ、パリのロスチャイルド家当主のジェームス・ド・ロスチャイルド。つまり、渋沢はロスチャイルドの息がかかった銀行家から、近代日本の基礎を作り上げていくシステムや思想を学んでいたというわけだ。

渋沢のフランス滞在中に、日本では大政奉還が行われる。そして帰国するやいなや、渋沢は明治政府に招かれている。この人事にもフリーメイソンが関与している。

パリのロスチャイルド家当主のジェームス・ド・ロスチャイルド

政府で働くようになった渋沢の上司になったのは、伊藤博文と井上馨《かおる》。彼らがイギリスに留学していた際の世話役は、フリーメイソン・ロンドンのグランドロッジの主要メンバー、ジエームズ・マセソンだ。渋沢とシーボルトやエラールのように、海外留学中に彼らにもフリーメイソンの息がかかっていたとしたら……。明治政府は、フリーメイソンとかかわりのある人間が中心となって牛耳っていたと考えられるのだ。

こうした人物たちにより、近代日本の基礎は作り上げられた。つまり、今の日本の社会基盤にはフリーメイソンやロスチャイルド家の思想や意思が受け継がれているといっても過言ではないのだ。日本がフリーメイソンやロスチャイルドらの支配から逃れられないのは、この頃からすでに決まっていたのかもしれない。

渋沢が日本によい影響を及ぼしたのか、それとも悪い影響を及ぼしたのかは個々人の判断に委ねられよう。だが、フリーメイソンの本質である「自由」「平等」「友愛」「寛容」「人道」という信念に関しては、誰よりも強く持っていたのではないだろうか。

都市伝説・考察系YouTuber **ジャックのゆっくり解説室**が語るベストワン

GHQが「七三一部隊」捜査に圧力 「帝銀事件」の黒幕はアメリカ説

扮装した平沢画伯

扇子の出所追及

最後的な首実検・月末起訴か

遺憾な問題だ

帝銀事件で死刑判決を受けた平沢貞通は精神疾患を患っていたとされる。平沢は刑事から拷問的な取り調べを受けていたが、精神疾患による思い込みで自白した可能性も指摘されている

ジャックのゆっくり解説室

●じゃっくのゆっくりかいせつしつ

都市伝説にかぎらず、オカルト、ミステリー、怖い話、雑学、映画など自身の好きなジャンルについて気ままに解説した動画を投稿しているYouTuber。チャンネル登録者数は約14.5万人(2022年3月現在)。動画内では主に「ゆっくり」というキャラクターたちが登場し、解説を担当。時々ホラーゲームの実況動画も投稿している。動画共有サイト「niconico」でも活動中。

12人が毒殺された「帝銀事件」逮捕されたのは画家・平沢貞通

多くの疑惑に包まれた戦後史に残る謎の事件のひとつ「帝銀事件」——。そう言われても、もはや帝銀事件を知らない人のほうが多いかもしれない。

まずこの事件について説明しよう。

戦後の混乱期、まだ日本がＧＨＱ（連合国軍最高司令官総司令部）の占領下にあった１９４8年1月26日午後3時過ぎ、閉店間際の帝国銀行椎名町《しいなまち》支店に「東京都防疫班」の白い腕章をつけた40代と思《おぼ》しき男が現れた。

男は「厚生省技官」の名刺を差し出し、「近くで集団赤痢が発生した。ＧＨＱが行内を消毒する前に予防薬を飲んでもらいたい」と行員に告げた。赤痢とは細菌性の伝染病のことで、上下水道が未整備だった当時、患者数は年間10万人に上ったとされる。

男は「予防薬」を最初に自分が飲み、そのうえで行員ら16人に服用を促した。当然、それを見た行員たちは安全な薬だと考える。ところが、薬を飲んだ16人は全員が体の異常を訴え、さらにもう一種類の薬を服用した直後、ほぼ全員が苦しみながら床に倒れてしまったのだ。

結果的に11人がその場で死亡、１人が搬送先の病院で亡くなった。男が予防薬と偽って飲ませたのは毒物の「青酸化合物」だったからである。そして、地獄絵図と化した銀行内から男は現金と小切手を奪い、逃走した。

これが事件のあらましだ。警視庁の捜査本部は7カ月後、二科展や帝展に作品を出展していた画家の平沢貞通を容疑者として逮捕。１９５5年に最高裁で平沢の死刑判決が確定した。

捜査対象者の3分の1以上が旧日本軍関係者だった

では、帝銀事件の謎とは何か。それは事件から70余年が過ぎた今なお、平沢の冤罪《えんざい》が強く疑われること。つまり「事件の真犯人と黒幕は誰なのか？」ということだ。

平沢が容疑者とされたのは「前年の類似事件(安田銀行荏原《えばら》支店事件)で使われた厚生省技官の名刺を持ち主から受け取ったひとりだった」「類似事件の犯人の人相書きと顔がよく似ていた」「銀行から盗まれた現金とほぼ同額を所持し、その出所も不明」などが理由だった。

しかし、それは状況証拠にすぎない。現金はその後、闇市成金に絵を売った代金だったことが明らかになり、面通しで平沢を犯人と断定した被害者もいなかった。そして、犯行に使われたのは特殊な青酸化合物である「青酸ニトリール」だったという説が最も有力だ。これは旧日本軍の研究者でもなければ入手できない代物である。そんな毒物を画家が所持し、ネットがない時代に使用法まで熟知して冷静に大量殺人を行うなど、どう考えても不自然だろう。

平沢が真犯人を隠蔽するためのスケープゴートだった場合、黒幕は誰なのだろうか。

帝銀事件の捜査本部には、藤田次郎刑事部長をトップに3班が組織された。主力は厚生省技官の名刺を調べる「名刺班」で、平沢を逮捕したのはこの班だ。次に投書やタレコミをもとに捜査にあたる班。そしてもう一つが藤田部長の特命班ともいえる「秘密捜査班」である。

捜査本部では、甲斐文助捜査一課係長が情報を集約し、刑事の役割分担を指示していた。この甲斐係長が残した記録、通称「甲斐メモ」を見れば、帝銀事件の捜査本部が、とりわけ秘密捜査班の本丸が、当初から「軍関係者」だったことがよくわかるのだ。

捜査対象は「軍関係者」「通報・投書」「医師・薬剤師」「衛生防疫関係」など多岐にわたるが、そのうち軍関係者に対する捜査割合は全体の35%。実に対象者の3分の1以上が軍関係者だったのである。

捜査本部が追った「七三一部隊」人体実験で「細菌兵器」を開発

一体「軍関係者」とは誰を指すのか。それはズバリ、旧日本陸軍の特殊謀略部隊である。なかでも捜査本部が最も時間を割き、最も多く関係者から聴取を行っていたのが「七三一部隊」だった。

七三一部隊は、1981年の森村誠一のベストセラー『悪魔の飽食』によってその存在が世に知られるようになった細菌戦部隊だ。正式名称を「関東軍防疫給水部本部」といい、関東軍が支配していた満州のハルビン市に拠点を構えていた。

七三一部隊の関係者は戦後長らく沈黙を貫いてきたが、10年ほど前からメディアで当時の証言を行うようになった。例えば、14歳で七三一部隊に入隊したという元少年兵は、部隊の任務のひとつは敵兵を伝染病に感染させる「細菌爆弾」を製造することだったと証言している。しかも、その細菌爆弾の威力は残虐な人体実験によって検証されたという。

人体実験の実験台にされたのは関東軍が捕らえた中国人やロシア人の捕虜たちで、彼らは「丸太」に等しい存在だったことから「マルタ」と呼ばれていたというのだ。

捜査員は、七三一部隊を率いていた石井四郎元軍医中将にも面会していた。「甲斐メモ」によると、そのとき石井元軍医中将は「俺の部下に犯人がいるような気がする」と言ったという。

そうしたなかで浮上したのが、旧第九陸軍技術研究所、通称「登戸研究所」が開発した前述の「青酸ニトリール」という特殊な青酸化合物である。この青酸ニトリールの効果が表れるのは服用してから約1分後。こうしたデータは、満州で中国人などの捕虜を実験台にした人体実験で得たものだといわれている。

七三一部隊が戦犯免責を条件に 人体実験のデータを米軍に提出

しかし結局のところ、七三一部隊など特殊謀略部隊の関係者に対する捜査は中止されてしまうこととなる。ある時から帝銀事件の捜査方針がガラリと一転し、名刺班が平沢貞通の逮捕に突っ走り始めるのだ。

その理由はGHQによる捜査本部への圧力と考えてほぼ間違いないだろう。圧力があったことは、すでにさまざまな資料で明らかになっている。

実は、米軍機関は終戦直後から七三一部隊関係者に対する尋問を開始しており、帝銀事件の前年4月には、石井元軍医中将が七三一部隊員の戦犯免責を条件に人体実験のデータ提供を申し出ているのだ。

同じ年、米軍機関がアメリカ本国に七三一部隊員の保護を求めるレポートを提出し、さらに同年7月には、国務・陸軍・海軍省3省調整委員会、通称「ＳＷＮＣＣ《スウィンク》」の極東小委員会が七三一部隊関係者の免責と極秘事項扱いを決定している——。

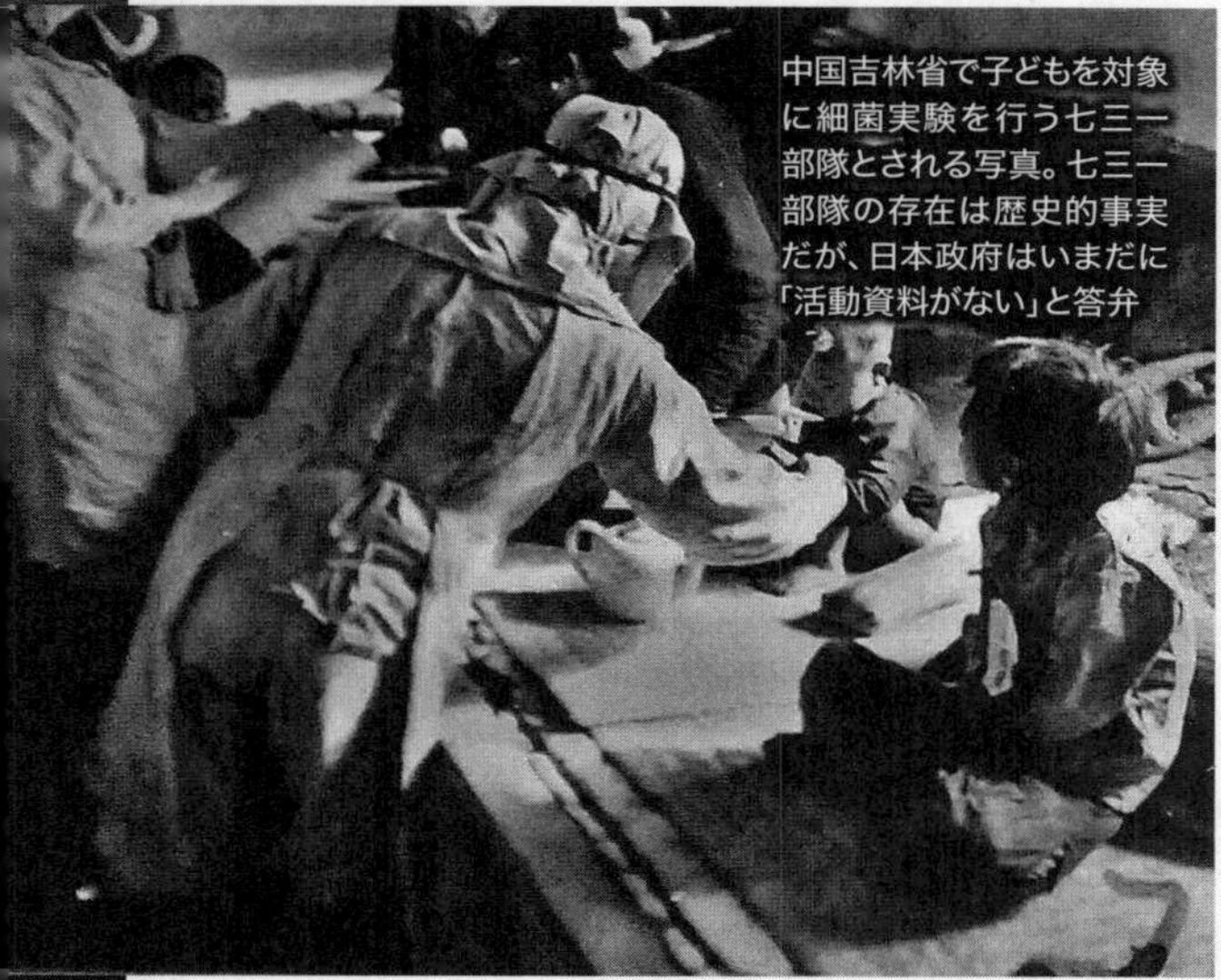

中国吉林省で子どもを対象に細菌実験を行う七三一部隊とされる写真。七三一部隊の存在は歴史的事実だが、日本政府はいまだに「活動資料がない」と答弁

つまり、アメリカは七三一部隊を戦犯として訴追することより、細菌爆弾などの生物兵器のデータのほうが重要と判断したということだ。

その背景には、米ソ冷戦の激化、中国における国民党政府＝国民革命軍と中国共産党＝紅軍の国共内戦、朝鮮半島の分断などがあったようだ。東西冷戦下でアメリカの国益を守るためには、敗戦国で起きた強盗殺人事件など大した問題ではなかったということだろう。

もっといえば、帝銀事件の裏で糸を引いていた黒幕はアメリカだった可能性もある。東側陣営との来たる「細菌戦」に向けてデータを取っていたのではないか。

ちなみに、平沢貞通は死刑判決が確定していながら、歴代法務大臣が誰も死刑執行命令に署名しないまま、１９８７年に八王子の医療刑務所で肺炎のため獄死した。享年95。平沢の遺族たちが第20次再審請求を行っているが、帝銀事件はこのまま戦後史に残る謎の事件として幕を閉じる公算が大きい。

都市伝説・考察系YouTuber **國澤一誠** が語るベストワン

元宮司の弟が宮司の姉を日本刀で刺殺 富岡八幡宮殺人事件は「徳川家」の天誅!?

2018年に開業60周年を迎えた東京タワー。さまざまな“いわく”が囁かれている

國澤一誠●くにさわ・いっせい
『人志松本のゾッとする話』の元準レギュラー。2019年9月からYouTubeで配信を開始したホラーエンタメチャンネル「スダマキダン（魑魅奇譚）」のリーダーを務める。登録者数は5.88万人（2022年3月時点）で、内容は怖くて笑えるスタジオ企画や、心霊スポットにまつわる事件を深掘りして紹介する「本当にあった心霊事件簿」など。自身の怪談師生命をかけた個人チャンネル「國澤一誠ゾッとする怪談」も毎日配信中。

パワースポットとしての東京タワーと増上寺

1958年12月23日に開業した、高さ333メートルを誇る東京都のシンボル「東京タワー」。関東地方のテレビ・ラジオの総合電波塔として建てられた東京タワーの正式名称は、日本電波塔であり、自立式鉄塔としては、2012年2月29日に完成した東京スカイツリー（634メートル）に抜かれるまで日本一の高さを誇っていました。

住所は東京都港区芝公園《しばこうえん》4丁目ですが、芝公園一帯はもともと古墳があった場所であり、東京タワーのすぐ近くにある増上寺は、徳川家康が江戸城の裏鬼門封じに建てたものです。古くから、こうした由緒ある建造物が好んで建てられていた地ということもあり、東京タワーはパワースポットとしても愛されてきました。

ある意味で〝東京の象徴〟のような建物でもあるので、古くから成功者たちはそのパワーの恩恵を受けようと、東京タワーの近くに家を買ったり、オフィスを建てたりする人が多かったようです。都市伝説や陰謀論ではおなじみ、フリーメイソンの日本総支部「日本グランドロッジ」も芝公園内にあります。この地に拠点を構えることは成功者たちの権力の誇示なのでしょうが、一方で、失敗した人の話も多く聞こえてくるのです。

また、東京タワーは建設時、地域住民たちの大反対の声を押し切って強引に建てられたといいます。民意を無視して、増上寺のお墓の一部を潰して強引に建てられたことと関係があるのかないのか、昔から今に至るまで、ラジオの収録などで「助けてくれ」といった声や、人が苦しんでいるようなうめき声が入ったという話をよく聞きます。それ以外にも東京タワー周辺では、携帯やカメラに心霊的な現象が起こったり、幽霊を見たという話を何度も聞いていますが、幽霊というのは目で見るのではなく、「脳で見る」らしいんですね。東京タワーは電波塔ですが、人間の脳にも微量の電磁波が通っています。これらのことから考察するに、幽霊たちは電磁波を使って何かのメッセージを伝えに来ていて、波長が合った人だけに幽霊が見えているのではないかとも思うのです。

悪魔の数字666、徳川家の菩提寺……東京タワー周辺には「何か」がある

こうした話を見聞きするたびに、東京タワーには何かあるんじゃないか？　と思っていた私は、東京タワーやその周辺スポットについて、自分なりにいろいろ調べてみることにしたのです。前述したように東京タワーは３３３メートル。夜に現地を歩いてみてわかったのですが、東京タワーの反対側には、東京タワーがまるまる反射で映り込むビルがあります。東京タワーがまるまる映り込むわけですから、こちらも３３３メートル。足すと６６６、そう悪魔の数字です。その〝２つの東京タワー〟の間にはまるで悪魔を封じ込めるかのように教会が２つ並び、道を挟んだ斜め向かいにはフリーメイソンの日本総支部「日本グランドロッジ」があるのです。少しゾッとしませんか？　それぞれの立地に何か意味があるとしか思えません。

また、東京タワーが建つ芝公園というのは、もともとは全盛期に約25万坪にも及んだ増上寺の境内です。そして、徳川家の菩提《ぼだい》寺である増上寺には、6人の将軍（二代秀忠公、六代家宣

公、七代家継公、九代家重公、十二代家慶公、十四代家茂公）の墓所が設けられています。さ

徳川将軍家と深いゆかりのある増上寺

らに東京タワーや徳川家との関連を調べるなかで、引っかかってきたのが東京江東区にある八幡神社「富岡八幡宮《とみおかはちまんぐう》（通称・深川八幡宮）」です。この神社を、建立《こんりゅう》時、バックアップしたのが八幡大神を尊崇した徳川家なのです。そんな徳川家ゆかりの富岡八幡宮で、２０１７年12月7日に、歴史に名を残す凄惨な事件が起こっています。記憶している方も多いと思いますが、元宮司の弟が妻とともに宮司である姉を日本刀で刺殺し、妻と自害した「富岡八幡宮殺人事件」です。

放蕩を繰り返す宮司家に徳川の天誅が下ったのではないか？

殺されたのは宮司の富岡長子《ながこ》さん（当時58）。長子さんを殺したのは、弟で元宮司の茂永《しげなが》容疑者（同56）と妻の真里子容疑者（同49）＝とも

に犯行後に死亡＝でした。以下は、事件を報じた当時の産経新聞からの引用です。

【「刃物を持った女が暴れている」

７日夜。１１０番通報した通行人の男性（41）は、日本刀を手に、運転手の男性を追いかける真里子容疑者の姿を目撃した。「走るような感じではなく、堂々と歩いてきた。その後、『お前だけは許してやる』という女性の声が聞こえ、ただ事ではないと思った」

この直前、茂永容疑者とともに神社近くの物陰に潜んでいた真里子容疑者は、車で帰宅した長子さんと運転手を襲撃。防犯カメラの画像などから、茂永容疑者は、一度は車の中に身を隠した長子さんを引きずり出し、刃渡り約80センチの日本刀で執拗《しつよう》に切りつけたとみられている。真里子容疑者は車から逃げ出した運転手を１００メートルほど追いかけ、別の日本刀で腕などに切りつけた。

その後、２人は長子さんの自宅玄関近くまで移動。茂永容疑者が真里子容疑者と自分の胸を刺すなどして、「自害」を図ったとみられる】

まさに身の毛もよだつ恐ろしい事件でしたが、簡単にいえば放蕩《ほうとう》三昧を繰り返し、父親によって追放された元宮司の弟が、姉（こちらはこちらで度重なるホスト狂いを指摘されていた）が宮司を継いだことに納得できず、積年の不満を募らせたうえでの凶行だったわけです。繰り返しになりますが、この事件が起きたのは２０１７年12月。その60年前（厳密には59年前）の12月に開業したのが東京タワーです。この奇妙な符合に、私はどうしても徳川家６人の将軍が眠る増上寺の一部を壊して建てられた東京タワー

徳川家のバックアップによって建立された富岡八幡宮

と、徳川家のバックアップのもと建てられた富岡八幡宮の事件がつながっているように思えてしまうのです。

また、東京タワーといえば赤を思い浮かべる人が多いと思いますが、富岡八幡宮の鳥居も赤です。赤というのは古来より魔除《まよ》けの色でもあるのですが、富岡八幡宮の事件は、「富岡八幡宮近郊と敷地内で起こった連続殺人事件」とされているように、お姉さんは富岡八幡宮の境内から少し出たところで絶命しました。つまり、魔除けの効力が失くなった瞬間に亡くなってしまったともいえるのです。増上寺、東京タワー、富岡八幡宮……そして、このすべてにかかわっている徳川家。つまり、この事件は考えようによっては「徳川の呪い」で、放蕩を繰り返す彼らに徳川の天誅《てんちゅう》が下ったのではないか？　とも思えるのです。

都市伝説・考察系YouTuber あおみえり が語るベストワン

「英語教育」「体育座り」は闇の勢力による〝日本人劣等民族化〟計画だった

あおみえり
真実追及系YouTuber／フリーアナウンサー。北海道出身。不思議な話に興味があり、「なんで?」が口癖の幼少期を過ごす。コロナ渦でYouTubeライブ配信に力を入れ始めてから登録者が急増中。ニュース、政治・経済、都市伝説の裏側を考察する真実追求系YouTubeを毎日更新中。

2つの電車内傷害事件 鮮明すぎる〝視聴者撮影〟映像

２０２１年８月、世田谷《せたがや》区を走行中の小田《おだ》急《きゅう》線内で男性が乗客たちを刃物で切りつけ、10人が負傷する事件が発生した。同年10月には、調布《ちょうふ》市を走行中の京王《けいおう》線内でも類似した事件が起きている。男性が乗客たちを刃物で切りつけたうえに車内にオイルをまいて火をつけ、１人が重体、17人が軽傷を負った事件だ。２つの事件は大々的に報道されたため、記憶に新しい読者も多いのではないだろうか。

電車内で起きた2つの事件。これらの事件には共通する不可解な点がある。メディアで使われている〝視聴者撮影〟とされる映像が、素人が撮影したとは思えないほど鮮明に撮れているのだ。

走行中の揺れる車内で、犯人にいつ襲われるかもわからない危機的状態のなか、テレビで放映するのを意識したかのような画角とブレのない映像。プロでも苦戦しそうな撮影条件だが、これらの事件で視聴者から提供された映像は、どれも事件当時の様子がかなり的確に撮影されている。

この疑問については、このように考えられないだろうか？

「〝誰か〟が故意に電車内での事件を連続で起こし、プロのカメラマンに〝偶然居合わせた一般人〟を装って事件の様子を撮影させた」

そう考えると、この不可解さにも納得がいくのだ。だが、ここで気になるのが、裏で糸を引く〝誰か〟の正体と、その動機だろう。

こうした事件を仕組んでいる黒幕は、都市伝説や陰謀論の界隈で〝闇の勢力〟と呼ばれる、ディープ・ステートやレプティリアン（爬虫類型宇宙人）たちだ。彼らにはメディアを利用して法律を変え、日本国民をコントロールするという目的があるといわれている。そのために、いかに凄惨な事件であるかをわかりやすく記録させ、メディアに報道させたのではないか。

実際に一連の事件を受け、今後鉄道各社が導入する新車両に監視カメラの設置を義務化する方針が固められてきている。それだけでなく、乗車前の手荷物検査の実施も視野に入れているという。

もしも小田急線や京王線での事件が、国民に「電車内にもカメラがないと心配」という意識を植えつけるために、わざと起こされていたとしたら――。闇の勢力がプロのカメラマンを事件現場に配置し、人々の不安を煽るための材料を撮影させたと考えても不思議ではないだろう。

「日本人を洗脳するためにメディアという仕組みをつくった」

とはいえ、メディアでショッキングな映像を流す理由がわからない人もいるだろう。だがそもそも、日本におけるマスコミやメディアは、国民が政治などの重要な問題を考えにくくするために与えられた目眩《めくら》まし装置ともいえるのだ。闇の勢力にとって都合のいい世界になるよう一般市民をコントロールしたり、反対に不都合な事実を隠したりするために、メディアは利用されているのである。

日本テレビの初代社長であり、日本のテレビ事業の基礎を築いた正力松太郎も、「日本人を洗脳するためにメディアという仕組みをつくった」という言葉を残している。権力者がメディアを利用して国民を洗脳しているという話は都市伝説でも噂でもなく真実であり、戦後間もない頃から行われていたのだ。

彼らはメディアを使って国民を支配し、何を企んでいるのか。それは、国民の監視・管理だ。健康状態、口座情報などあらゆる個人情報をマイナンバーと紐づけ、国民一人ひとりの価値をスコア化する。スコアによってランク分けをし、ピラミッド型社会を形成して国民の監視・管理をしたいがために、電車内での凶悪事件や新型コロナのパニックを起こしているわけだ。

日本人が持つ霊性の高さを恐れる 闇の勢力による〝言霊封じ〟の施策

現在、闇の勢力が最も支配下に置きたがっている存在が、我々日本人である。それはなぜか。彼らは、日本人が持つ〝霊性の高さ〟や〝言霊《ことだま》の能力〟を、非常に恐れているからだ。

今本書を読んでいる読者諸君も、「あのアーティストの新曲が〝神曲〟だった」「ここのお店のスイーツは〝神スイーツ〟」など、さまざまなものを〝神〟という言葉を使って褒めた経験がないだろうか。実は、日常的にあらゆるものを「神」扱いするのは、日本人特有の国民性といえるのだ。

日本には古くから「八百万《やおよろず》の神」の思想が存在する。山や海などの自然にも「神」が宿っているという考え方だ。こうした思想を持っている日本人は、音楽やスイーツにも「神が宿っている」と、無意識のうちに思うわけだ。さらに、神が宿っているのは物や自然だけではない。日本人一人ひとりにも、それぞれに神が宿っているかのように、高いポテンシャルが備わっているのだ。

一人ひとりが神と同じポテンシャルを持っている日本人には、自身の発言を現実化させる「言霊」の能力が備わっている。日本語では重要な物事の表現のときに「腹をくくる」「腹を決める」「腹を割る」など「腹」という言葉が頻繁に使われるが、これは「腹」が日本人にとって言霊を司る重要な場所だからだ。

「丹田《たんでん》」という言葉を聞いたことがないだろうか。丹田は、へそから指3～4本分下の下腹部を指し、腹式呼吸をする際に意識する場所だ。

日本人は本来、すべての人が丹田、つまり「腹」を意識した呼吸で言葉を具現化する力、すなわち言霊の力を持っている。しかし、それが闇の勢力により封じられているのだ。

例えば、小学生の頃、集会や行事の際に「体育座り」をするよう教えられただろう。もともと日本人は正座や胡座《あぐら》といった座り方に慣れ親しんでいた。こうした座り方は腹に力を込めやすい。しかし、戦後、闇の勢力が日本の教育に関与するようになってからは、言霊の力を強めてしまわないため、腹に力を入れづらい体育座りが定着していったのだ。

座り方以外にも、日本語より英語といった外国語の勉強に力を入れさせるカリキュラムも、闇の勢力による言霊封じといえる。日本語は世界的に見ても文法が難しく、アメリカでは「日本語は世界でいちばん難しい言語」といわれるほど難解な言語だ。そんな日本語を操れる日本人は、かなり高い言語能力を有しているといえるだろう。

日本人が「自分は優れている」ことに気づく前に監視・管理を進める

だが闇の勢力からすると、日本人が「自分は優れている」という自覚を持ってしまうと、言霊の力に目覚めてしまい、都合が悪い。言霊の力に目覚めた日本人は、丹田から意識して声を出すだけで、望む未来を実現する力を持つようになるからだ。

ディープ・ステートやレプティリアンたちには「自分たちこそ、世界で最も優れた存在」と思いたい気持ちがある。これまで見下していた日本人が自分たちよりも優れた存在になり、次々に日本人の望む環境を作り出していく世界、つまり、自分たちが最も優れた存在ではない世界の訪れを、とても恐れているのだ。

そこで、言語、歴史、文化などさまざまな部分で「日本は諸外国よりも劣っている」という劣等感が染みつくような教育を行わせ、言霊の力を封じている。メディアを利用して電車内への監視カメラの設置を急ピッチで進め、日本国民の監視・管理を進めようとしているのも、日本人を支配下に起きたいからだ。日本中のありとあらゆる場所に監視カメラを起き、日本人の動向を常に監視する。そして、万が一にも言霊の力に目覚めそうな人物がいたら、「危険人物」としてでっちあげ、予測逮捕に踏み切るつもりなのだ。

私たち日本人は、闇の勢力によって「自分は無価値で無力な人間」と思わされているが、それは真実ではない。本当の私たちは生まれながらに特別で、価値があり、神聖な力を持っているのだ。その力を目覚めさせる唯一の方法は、自己が神と同じように特別で高い霊性を有した存在であると理解し、闇の勢力たちに惑わされない人生を歩む、ただそれだけだ。

もしも今、これを読んでいるあなたがディープ・ステートやレプティリアンの狙いどおりに洗脳されてしまっているとしたら、ぜひ目を覚ましてほしい。あなたが自分の存在や能力を認め、前向きに生きるだけで、誰にも邪魔をされない〝最強の自分〟になれるはずだから。

都市伝説・考察系YouTuber **ヨシキン@ヲタクの部屋**が語るベストワン

中国の思惑どおりに感染拡大を実行
日本コロナ禍の〝戦犯〟はあの政治家

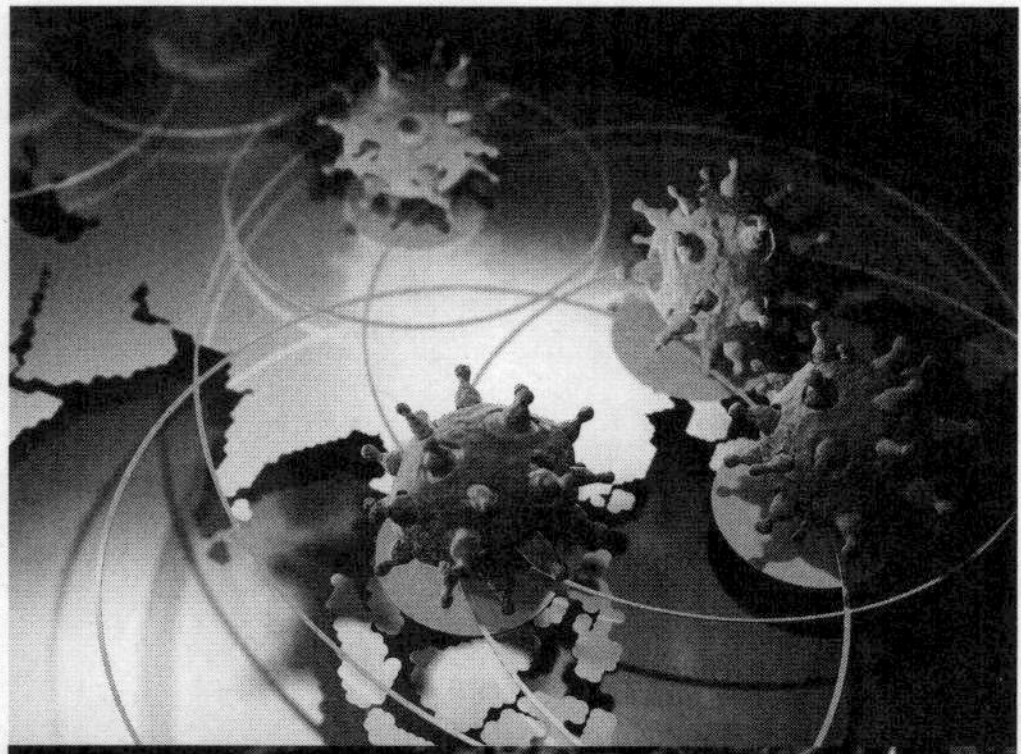

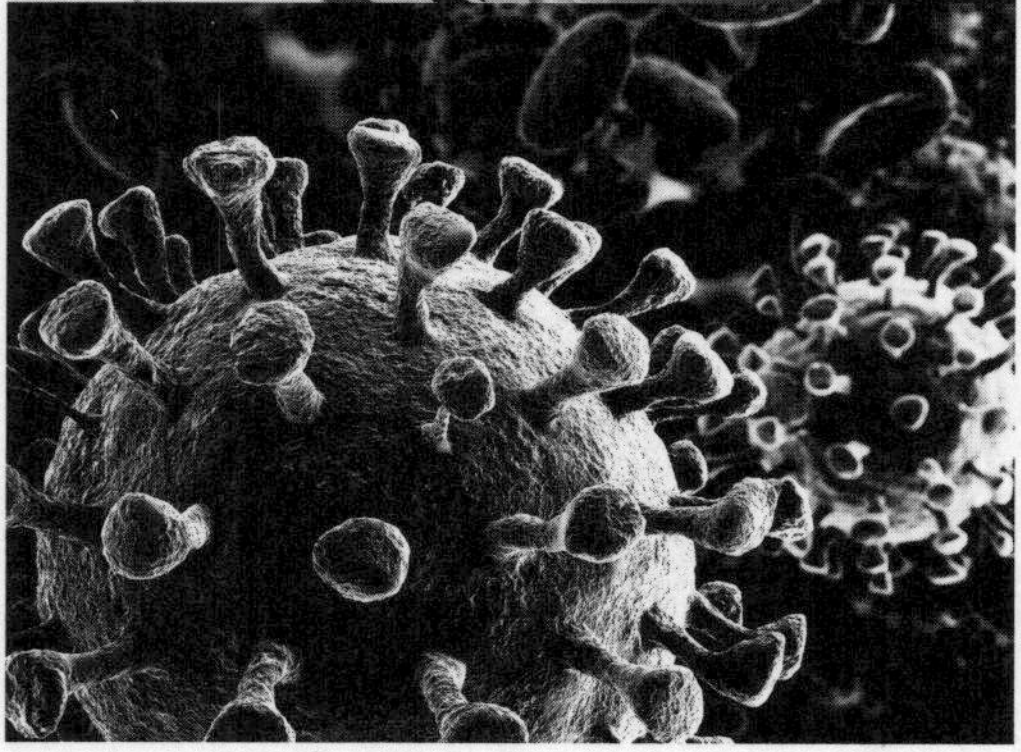

ヨシキン@ヲタクの部屋
●よしきん・あっと・をたくのへや

日々仕事と子育てに奮闘しながら、チャンネルではパチスロやヲタク関連情報、オカルトから都市伝説系まで配信中。鋭い着眼点からの独自の考察が持ち味で、視聴者を唸らせる。チャンネル登録者数は1万人（2022年3月時点）。都市伝説YouTuberに関する情報通でもある。YouTubeのほか、Twitterやオンラインサロン「都市伝説考察@ヨシキンファンクラブ極」も配信中で、YouTubeではアカBANされてしまう都市伝説の裏側を暴露している。

中国がSARSウイルスの改変で誕生させた「新型コロナウイルス」

日本では第6波まで大規模感染拡大が発生した新型コロナ（以下、コロナ）。そんなコロナが日本で流行した背景には、「コロナを持ち込んだ男」の存在があるのをご存じだろうか。

まずは状況を追ってコロナのパンデミックはなぜ起きたのかを説明していこう。日本では「新型コロナウイルス感染症」と呼ばれているが、国際正式名称は「ＣＯＶＩＤ-19」と表記される。さらに、新型コロナウイルスの正式名は「ＳＡＲＳ-ＣｏＶ-２」といい、新型コロナウイルス感染症は、このＳＡＲＳ-ＣｏＶ-２が原因で起きる感染症なのだ。

名称からもわかるようにコロナはＳＡＲＳ（重症急性呼吸器症候群）の一種である。ＳＡＲＳが広まったのは２００３年頃だが、このＳＡＲＳ流行を受け、中国は今後予想されるＳＡＲＳの脅威に対抗するため、とある研究所でこのウイルスの研究を始めた。その研究所というのがコロナの発生源と噂される武漢ウイルス研究所だ。表向きはここでＳＡＲＳウイルスにさまざまな手を加え、ワクチンなどをつくるために研究をしていたが、実際は「生物兵器として転用できないか」という思惑も当然、含まれていたという。

ウイルスは基本的に変異を繰り返すものである。手を加えられていたＳＡＲＳのウイルスは、武漢ウイルス研究所で次々と変異をしていった。

その結果、ほうぼうでいわれるように２０１９年12月よりも前にコロナは生まれ、研究所員の一部は肺炎になっていた。すでに武漢市中にも感染が広がっており、実際、道端で倒れている人の画像が２０１９年末にはネット上にアップされていた。

中国としてはＳＡＲＳに手を加えていたのがバレるとまずいため、なんとか隠蔽を図っていたが、ここまで感染が広がると公表せざるを得なくなった。

ただし、中国は自国が疑われないように同時にこのウイルスを世界中に広めようと計画。ちょうど年末ということもあり、世界中に中国からの観光客を広める絶好の機会でもあった。このようにして「中国だけでない」と言い訳できるように誘導したのだ。

この時点で、すでに海外では中国人観光客の入国規制を求める人もいた。そして日本でも、とある有名なフリーメイソン会員の医師が規制を訴えていた。実際に２０１９年末の時点で入国を規制していれば、コロナの被害はまた違ったものになっていただろう。

中国観光客の規制に反対「GoToトラベル」をゴリ押し

しかし、このような状況がありながらも、中国人の入国規制を阻止しようとした人物がいたのだ。それが冒頭でも述べた「コロナを日本に持ち込んだ男」のことである。中国と裏で手を組んでいると噂される政治家、N氏である。

彼は当初から中国の観光客を受け入れろと、規制に反対していた。N氏は当時、与党の中でも大きな権力を持っており、総理大臣にも容易に影響を与えられるポジションにいた。結局、当時の総理はN氏の要求を呑むしかなかったといわれる。つまり、N氏の鶴の一声がなければ、日本にコロナは入ってこなかったかもしれないのだ。

その後、日本は条件つきで一部の中国観光客

現在も都市封鎖などゼロコロナ政策を取っている中国。経済成長も鈍化しており、自ら蒔いた種に翻弄されている

を入国禁止にしたが、全面的な禁止措置は取らなかった。本来であれば、中国にとってはさらなる入国者数の増加で早急な蔓延拡大を狙いたかったのだろうが、さすがに日本政府も国民の安全を優先したのである。

　ただそれでも、北海道、東京、京都ではコロナの感染者数は増えていた。勘のいい人なら気づくだろうが、これらの都市はいずれも在日中国人や中国人観光客が多い場所だ。

　ここでN氏はさらなる感染拡大キャンペーンを考案する。それが「ＧｏＴｏトラベル」キャンペーンだった。当時の報道を見ても明らかであるが、このキャンペーンをゴリ押ししていたのはN氏で、感染リスクを認めつつも「恐れとったら何もできない」と言い放った。

　「ＧｏＴｏトラベル」は、建前としてはコロナで打撃を受けた旅行業界への支援策であるが、真の目的は中国の思惑どおりに感染を広げることだったのだ。

旅行業界の人に訊いたが、キャンペーンで恩恵を受けるのは一部の大手企業のみで、多くの中小業者にうまみはなかったという。また、N氏はキャンペーン受託団体から、およそ４２０万円もの献金を受けていた。業界の支援策として機能していないキャンペーンで得をしたのは、N氏と感染拡大を望む中国だけだったのだ。

政治家だけじゃない 媚中派ユーチューバーも！

N氏は当時の首相とほぼ同時に失脚したが、中国の思惑どおりに日本へコロナを持ち込み、感染拡大も成功したので、その役目を終えたのだ。

ちなみに、このN氏の話は都市伝説界隈では有名なのだが、YouTubeで話せば一発でＢＡＮ（削除）される。したがって、YouTubeだけを見ている人には決して伝わらない話だ。

N氏は失脚したが、まだまだ中国の息がかかっている人間は多い。都市伝説系ユーチューバーもその例に漏れない。

「コロナは実はアメリカから発生した！」「コロナはただの風邪！」などと熱心に発信しているユーチューバーのなかには中国や関連団体からお金を受け取っている人もいるという。中国関連だけではなく、マイクロチップや大麻などに関連する〝案件〟がユーチューバーには来るので、それを垂れ流している人も実は少なくない。

ワクチンに関しても「3年で死ぬ」「製薬会社の陰謀」などデマが多い。

た」などトンデモ発信も

ワクチンの開発期間が短かったのは、単純に企業が莫大な金をかけ、人員を割いたからだ。競争に勝てば利権にありつけるため、血眼になったのだ。一般人はそのスピードを怪しむが、医療関係者にとっては「大手が本気を出せば可能」という認識である。YouTubeの視聴者も今の時代、すべてを鵜呑みにしない情報リテラシーを持ったほうがいいだろう。

政府は「仮想空間」生活の実現を本気で目標にしている

コロナはさらに変異を続け、今後も流行が続くことは明らかだ。コロナ前のように外に出る機会も減ると思われる。人類は今後もステイホームを強いられるのだ。

ただ、それを見越したかのような計画が日本で進行中だ。それが「ムーンショット目標」である。これは超高齢化や地球温暖化など日本社会が直面するさまざまな課題に対し、内閣府が設定した野心的な目標のこと。そして、その一つが「2050年までに、人が身体、脳、空間、時間の制約から解放された社会を実現」とされている。これが実現すれば、多数のアバターやロボットを組み合わせることで、家から出ずにほとんどの行為が完結するという。

同じように、昨今では仮想空間であるメタバースが注目されている。これらがステイホームとの親和性が高いことからもわかるように、国家の指導者層や支配層はコロナが終息しないことに気づき、策を打っているのである。

今後もコロナは変異し、ステイホームは続くだろうが、そもそも日本にコロナを持ち込んだN氏の罪は重い。戦犯としてN氏の存在を忘れてはならない。

「岸田首相はゴム人間だ!」ネット騒然「ゴムニダ」とは?

「首のところに切れ目が見える」とSNSで指摘され騒動に

世界中の政治家や芸能人、セレブが続々とゴム人間に!?

ここ数年、ネット上で「ゴムニダ」という言葉がクローズアップされている。

「ゴムニダ」とは精巧なゴムマスクをかぶって別人に変装した「ゴム人間」のことで、世界中の政治家や芸能人、セレブが続々とゴム人間にすり替わっているというのだ。

日本もその例に漏れず、各界にゴム人間が増殖中とされる。そのなかでも、最も衝撃が走ったのが「岸田首相がゴム人間になった」というウワサだ。岸田文雄首相のテレビ映像や報道写真などに対して「首のところに切れ目が見える」との指摘がSNSで相次ぎ、一部で騒ぎになったのである。

実際、一部のSNSでは「首元にゴムマスクの切れ目がくっきり」「切れ目だけじゃなく、耳の形も完全にゴムニダの特徴そのもの」「日本の首相までゴムニダに……」といった声が飛

文/佐藤勇馬

び交い、岸田首相の「ゴム人間化」は既成事実のように扱われている。

　ゴム人間の決定的な見分け方は「首元の切れ目」とされるが、それ以外にも耳の形や美肌があげられている。岸田首相は60代と思えないほど肌がツヤツヤしており、それも「ゴム人間説」の信憑性を高めたようだ。

　また、ゴムニダに詳しい識者からは、アメリカのバイデン大統領やイギリスのジョンソン首相、フランスのマクロン大統領らも「ゴム人間」になったと指摘されている。

世界征服のため要人に化けたのはレプティリアン

　まるでSF映画やアニメの世界のような話だが、それが事実だったとして、どんな目的があるのだろうか。

　最も有力視されているのは、世界の要人が「レプティリアン」や彼らのつくり出したクローン人間にすり替わっているという説だ。

　地球に飛来したレプティリアンが秘密裏に世界の実権を握るため、ゴムマスクで影響力のある要人に化けているというのである。

　だとしたら、日本の中枢はすでにレプティリアンの手に落ちているのか。岸田首相のマスクをはがすと、中から恐ろしいトカゲのような爬虫類型ヒューマノイドの顔が出てくる……という可能性もあるのかもしれない。

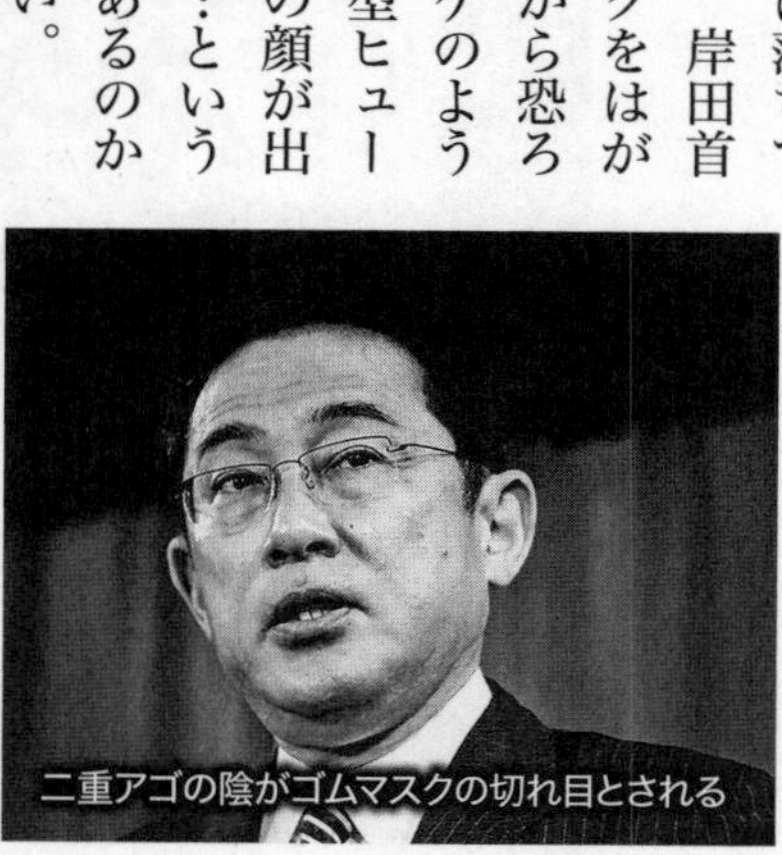
二重アゴの陰がゴムマスクの切れ目とされる

政治記者だけが知っている！「永田町」性豪伝説

国民が知ったら落選確定！ 国会議員の〝下半身〟事情

英雄色を好む——。

日本の政治家もまた、その肥大化した権力欲と比例するかのように、はち切れんばかりの性欲を抱え、ときにそれを持て余してきた。

これから紹介するのは、大手新聞の政治部記者である私が垣間見た永田町の住人たちの〝性豪伝説〟の数々である。ただし、読者諸君にはあくまでこれからの話を「都市伝説」として読んでほしい。

信じるか信じないかはあなた次第なのだから——。

王様プレイ、SM、乳首イキ……議員センセイによる変態百景！

「パンッ、パンッ、パンッ……おりゃっ！」

「あんっ、あんっ」

まるで銃声のように連続する鋭い音と、あえぎ声が響きわたる。その部屋の前を通った人々

取材・文／金崎将敬

国会議事堂を中心に、衆参議員会館・宿舎、さらに多くの議員事務所が立地する永田町。国民の知らない“先生”たちの痴態が繰り広げられているという

は、何事かと顔を見合わせるのだった。

ここは東京・永田町。政治家の集まる日本の中枢である。

音がするのは議員会館の一室。この事務所のAセンセイと秘書がデキちゃっているとのもっぱらの噂なのだ。

「なんでも、地元のキャバクラで気に入った子を秘書にしちゃったんですって。たしかにあの子は巨乳でカワイイ。30代のシングルマザーらしいですが、豊満な身体を持て余している。先生の指示なのか、いつもボディラインがわかる服装でミニスカートはマストですね」（ベテラン秘書）

周囲の人に気づかれているのを知ってか知らずか。あるいは、それがまた2人を燃え上がらせるのか。その部屋からは、こんな声まで漏れ聞こえてくるという。

「オレは王様じゃ！」

「王様のおおせのままに」

今では近隣事務所のスタッフ総出で、壁に耳を当ててプレイの音に全集中しているという――。

夜な夜な、東京・鶯谷《うぐいすだに》の高級デリヘルに通う性豪もいる。

「ここら辺じゃBセンセイはものすごく有名ですよ。乳首を洗濯ばさみで挟んでね、ビヨーンとするの。そうするとすごく喜ぶんですよ。そんなんで8センチくらいの長さまで、乳首が伸びちゃってる。気持ち悪すぎて、出禁の店も少なくないけど」（デリヘル嬢）

Cという議員の事務所では秘書の身長に先生の趣味が見え隠れするという。

「ロリコンなのか秘書は身長150センチ以下で幼い雰囲気の女性ばかり。昼間なのに時々、その部屋だけ電気が消えていることがある。ある記者が壁に耳を当てていたんです。すると、5人の女性が口々に罵《ののし》る声が聞こえたそうです」（政治部記者）

この政治部記者いわく、ある女性が「このブタ野郎！」と絶叫する。すると、他の4人が「そうだ、そうだ」と声を揃える。そして、ひとりの女性が「賛成多数でお仕置きです」と言ったのだという。

しばらくするとムチで何かを叩く音と、「ひい」っと叫びながらむせび泣く男の声が聞こえたそうだ。

総理候補といわれた男の「101人の隠し子」伝説

永田町にまことしやかに流れるこんな伝説もある。それは、101人の隠し子を持つ性豪家の話――。

かつて総理候補といわれたその男は、政府の要職につくことはあっても、頑なに出世の道を断ってきた。それはこの秘密を知られたくないから。

口癖は、「俺はカネでは動かない」。たしかにお金にはクリーンではある。その代わり何がいるのかといえば、女なのである。

「センセイ、ここは一つ」

公共事業への口利きをお願いする地元支援者が、そう封筒を差し出されても眉ひとつ動かさない。そして、こう言うのだ。

「君の娘はいくつだね」

ストライクゾーンは幅広く、50代以下なら差し出すことを要求するのだという。そしてその性欲は、海をも越えていた。調査外交と称し、さまざまな国を歴訪するのだが、カリブの海を訪れれば浅黒い肌を持つ村一番の美女を賄賂代わりにもらい、子種を授ける。

そして中国の農村では、まだ年端もいかない幼女と関係を持ったとか持たないとか。もちろんロシアの盛り場に行けば、巨体を誇るおばさんとしっかり事を成す。そんなこんなで、できた子どもの数が101人——。ある意味、立派な〝外交〟といえるのだろうか。養育費を支払っているかどうかは詳《つまび》らかではない。

「やれば票が取れる」——若手議員〝勝利の方程式〟の顚末

当選するために、涙ぐましい努力をしている若手政治家もいる。農村部を地盤とするその政治家は大学ではミスターコンテストで1位に選ばれたイケメンだ。学歴や職歴も華麗である。しかし、ただ一つだけ悩みがあった。それは選挙が弱いこと。そこで地元の古老に相談したところ、彼はこう言われたのだという。

「やればいいのじゃ」

それ以来、彼はどんな有権者でも相手が欲求不満そうに見えれば、とりあえずやるようになった。50代、60代はもちろん、ときには90代まで。そして相手が望むなら、男さえも――。

その結果なのだろうか。今ではライバル候補に選挙区で勝てるようになったのだという。しかし、その代償はでかすぎた。その代議士には、たいそう美人の妻がいたのだが、つい最近になって離婚してしまったのだという。

理由を探ってみると、どうやら妻にクラミジアをうつしてしまったとか。代議士本人が周囲に説明するところによると――。

「地元の歓楽街にいた50代の立ちんぼからもらったんだ。どんな人でも一票を持つ有権者だと思ってやったんだけど、案の定クラミジア持ちだった。やれば票が取れる――これが僕の勝利の方程式だったから仕方なかったんだ。妻は普段から僕の精子の出がよくなかったのがご不満だった。そのうえ性病をうつされてはね……。三行半《みくだりはん》を突きつけられたってわけさ」

そう涙を拭いつつも、土日の地元活動では相変わらず熟女を中心にやりまくっているのだとか。政治家もラクではない（？）のだ。

デリヘル秘書をめぐって議員と男性秘書が一触即発！

政治家たちが事務所を構える議員会館を歩いていると、秘書たちのヒソヒソ話も聞こえてくる。

「Dセンセイの美人秘書のE子が、デリヘルで働いてるんだって」

そのデリヘルには永田町関係者が続々と新規客になっているのだとか。

「E子は一見おとなしそうな黒髪美人でね。地味そうに見えるけど、もてるタイプだね。あっという間にうちのナンバーワンですよ。なんかちゃんとした格好の人たちから、問い合わせが殺到したんですよ」（デリヘル経営者）

　事務所関係者によるとE子の同僚秘書もこのデリヘルを利用するようになったのだという。

「E子も最初は驚いたようですが、あんまり細かいことを気にしないタイプのようで、その同僚秘書も常連客になっちゃいました。ハゲたおじさんほか、その事務所の男性スタッフもみんな通うようになってね……」（事務所関係者）

　こうした不埒《ふらち》な状況を知ったDセンセイは立ち上がった。

「Dセンセイもその話を聞いて黙っていられなかった。自分の秘書がそんなところで働いているのかって。現地調査に行ったんです」（事務所関係者）

　しかしあろうことか、「こんなことやめろ」と言いに行ったはずのDセンセイ自身も、ホテルでE子に会うとすっかり籠絡《ろうらく》されてしまったのだという。

「今では事務所総出でその店を利用するようになった。昼間の時間もE子は普通に出勤しているけど、デリヘル以外では関係を持たないことを徹底しているから、みんなここを利用している。E子をめぐり先生と男性秘書は一触即発の緊張関係ですよ」（同前）

　そんな会話を聞いていると、永田町こそが〝性の楽園〟なのかもしれないと思う、今日この頃なのである——。

岸田首相も頭を悩ます!?

〝伝説のヤリマン〟が元ネタの都市伝説「メリーさんの電話」を知っているか？

「便所の張り紙」を利用して１万人以上と肉体関係を

ヤレる男を「便所の貼り紙」で探しまくった性欲の強すぎる女

「私、メリーさん。今あなたの後ろにいるの」で知られるメリーさんの電話。夜中に見知らぬ番号から通知がくると、つい思い出してしまうトラウマ都市伝説だ。

あらゆる事象に理由があるように、メリーさんの電話が市井に広まったのにも、元ネタがある。

それはテレクラが流行る以前、１９６０年代後半のことだ。強すぎる性欲を持て余す女性たちはいつの時代もいるもので、この時代、そのような彼女たちは血眼になって出会いを探していた。口コミといわゆる「便所の張り紙」を利用して、ヤラせてくれる男たちを募っていたのだ。自分の家電《いえでん》の番号と「性交相手を探しています。電話ください」というメッセージを男子公衆トイレに貼りまくっていたという。

なかでも有名だったのが「メリー」という通り名で呼ばれていた小柄な30代半ばの女性。メリー

文／桜木ピロコ

という名は横浜の売春婦からとったといわれる。

「二度目はない」と思った男たちはメリーからの電話を無視するように

このメリーという女性がしつこい。一度相手をすると、次は次はと止めどもなく電話がかかってくる。しかし、このメリー、あっちの具合のほうがあまりよくなくガバガバ。さらに、自分からは動かないまぐろ女だったというから始末が悪い。誰でもいいからヤリたいと思っていた、むくつけき男たちでさえ、二度目はごめんとメリーからの電話は無視するようになっていった。

貼り紙ユーザーの男たちの間でこの噂が広まり、いつしかメリーに電話する者はいなくなっていた。そうなるまでにメリーとヤッた男は、1万人はくだらないといわれている。もちろん金銭はいっさい絡んでいない。メリーは日本初のスーパーヤリマンだったのだ。

たまに間違えて電話に出てしまうと「私、メリー。いま、あなたの家のそばなの」などと言い、男たちを恐怖のどん底に突き落としていたそうだ。

メリーさんの電話の恐怖話は伝播し、いつしか形を変え、子どもたちの間にまで広まってしまったというわけだ。

2010年には脚色されホラー映画に

70歳の老女が「ギャラ飲み」で人気!? 長寿大国ニッポンの〝性欲〟都市伝説

90歳以上のお爺さんが〝若い〟肉体を求めて参加！

元セクシー女優や元モデルなど〝高額ギャラ飲み嬢〟も存在

　すっかり定着した感のある「ギャラ飲み」。その蜜を享受しているのは何も若いギャルばかりではなかった。70歳オーバーの老女が、90歳オーバーの老人とギャラ飲みをしているというのだから驚くしかない。

　老女のほうは70歳オーバーといっても、それなりの容姿らしい。ほとんどがスナックや風俗出身者。なかには元セクシー女優や元モデルという〝高級ギャラ飲み嬢〟もいるそうだ。

　そんな老女たちを指名するのが90歳以上の老人たち。玄孫《やしゃご》のような若い女の子では話にならないと、彼女たちを指名してくるそうだ。それでも、女性が20歳も年下なのが気になるところではあるのだが、男というものは、いくつになっても自分より〝若い女性〟に興味があるということか。

　そして、老女を指名してくる老人たちの本気

文／桜木ピロコ

度は異常に高いとか。食事やカラオケを楽しむのはもちろん名目で、狙いはその〝若い肉体〟にあるという。

斡旋しているのは老人ホームの職員だった

老人ギャラ飲みを斡旋《あっせん》しているある介護職の女性に話を聞いたところ、本番までは望まないが、オーラルセックスは希望するという老人がほとんどだという。いやはや、長寿大国ニッポンの底力はすさまじいものがある。

この女性いわく、マッチングは主に介護職員が取り仕切っているという。

マッチングは介護職員が行うという

老人ホームには、目立つ集団、派手な集団、羽振りのいい集団というのがいるそうで、遊び好きそうなオシャレな老人たちがグループになっている。そのなかのリーダー格にギャラ飲みの話を持ちかけると、十中八九ノッてくるそうだ。相手が70代と知ると大喜び。以降は太客になってくれる。こんなことがホームにバレたら一発でクビが飛ぶと思うが、全員に得しかないから、「私はいいことをしている」と、このヤリ手介護職員は嘯《うそぶ》いていた。

実際にギャラ飲みが始まるとアルコールはほとんど飲まず、すぐにラブホテルに消えて行くというから恐れ入る。その体力、分けてほしいものである。

大阪・梅田の〝立ちんぼスポット〟に現れる「赤い女」の怖すぎる正体

近づかれると、金縛りにあったかのように動けなくなる！

長い黒髪、ボロボロの赤いドレス 目撃情報多数の「小柄な女性」

大阪・梅田《うめだ》の「泉の広場」といえば、立ちんぼスポットとして有名である。２０２１年、ここで客待ちをしていた立ちんぼの一斉摘発が行われた。17歳から64歳までの女性61人が現行犯逮捕されたのだ。この逮捕劇には泉の広場の「赤い女」の呪いが関係している。

赤い女とは泉の広場に現れる、幽霊とも人間とも判別できない怪人物。長い黒髪で、ボロボロの赤いドレスを着た小柄な女性が、いつもふらふらと立っている。ときに笑いながら、この世のものとは思えないスピードで近づいてくるという。そのときに、目をつけられた人間のほうは金縛りにあったように動けなくなるというのが定説だ。赤い女の目撃談は多数あり、彼女の正体を知っているという人もいる。

噂によると、赤い女は「アキちゃん」という名前の立ちんぼで、男にだまされておかしくな

文／桜木ピロコ

ったのだそう。アキちゃんが幽霊なのか、精神病者なのかははっきりしていない。

「立ちんぼたちの怨みの念の塊」霊能者が明かした「赤い女」の正体

実は昨年の一斉摘発は、赤い女に取り憑《つ》かれたひとりの男性警察官に端を発する。泉の広場の立ちんぼに頭を悩ませていたこの警察官。勤務日のみならず、休日でも暇さえあれば泉の広場の監視をしていた。立ちんぼだと思しき女性を見かけると「こんな所にいたら捕まってしまうよ」と口頭で注意して回っていたという。

ある日、赤い女と遭遇したこの警察官は彼女にも言葉をかけたそうだ。すると、その日から毎晩、夢に赤い女が現れる。白目のない真っ黒の目をし、にたにたと笑う女が猛スピードで顔面すれすれまで近づいてくるのだ。

「赤い女」がいた大阪・梅田の「泉の広場」

悩んだ警察官が、知り合いに紹介された霊能者のところに相談に行くと「赤い女は、金をとりっぱぐれた立ちんぼたちの怨みの念の塊。祓《はら》うには、泉の広場から売女も買う男も排除しなくてはならない」と助言を受けた。

これが、泉の広場浄化作戦のきっかけになった出来事なのだ。

赤い女は今では、別の立ちんぼスポットに移動したらしい。

巨大匿名掲示板の伝説スレッド「鮫島事件」にはアクセス厳禁！

「パパ活女子」を拉致監禁して無人島で売りさばく……

実態のない架空の事件——あくまでそれは表向きの話

2001年。匿名掲示板2ちゃんねる（現・5ちゃんねる）に突如誕生した「鮫島事件」のスレッド。「あまりにヤバい話で、誰も真実を語れない」「鮫島事件について話せば、国家に消される」「日本最大のタブー」——。書き込みは増え、鮫島事件は伝説の都市伝説とまでいわれるようになった。

鮫島事件は実態のない架空の事件で、いわゆる〝釣り〟である。ただ冗談で誰かが「鮫島事件について語ろう」と書き込みをしたものに、別の人間が「あれは怖すぎる」などと返信をしただけのものだといわれている。それが膨らみに膨らんだだけの話。それが真

2020年には『真・鮫島事件』として映画に

文／桜木ピロコ

実。通説ではそうなっているが、それはあくまで表向きの話である。鮫島事件とはある犯罪のことを指す隠語なのである。

特別なアクセス方法を用いないと、たどり着くことができないダークウェブ。その情報量は我々が通常閲覧しているサーフェスウェブの数百倍といわれている。鮫島事件は、このダークウェブ内で行われる日本人女性の売買情報の新着を知らせるツールだったのだ。

「人が死んだ」という書き込みは殺してもいい女性が入荷したとき

ダークウェブの存在が世に知られるようになったのは最近のことだが、2001年当時からダークウェブは存在していた。現在はドラッグの売買目的のユーザーが多いが、当時は人身売買、スナッフフィルム（殺害動画）、レイプなどの情報が氾濫する、現在のそれとは比較にならないほど怖すぎるものだった。

鮫島事件のスレッドに新しい書き込みがあったときは、新しく日本人女性が入荷したという意味。「公安」という言葉は特定の時間。「人が死んだ」という書き込みは殺してもいい女性が入荷したという意味。「鮫島」とは引き渡し場所の無人島のことだったのだという。

売られる女性は個人売春をしていた女性たち。今でいう「パパ活女子」を拉致監禁し「商品」としていたのだ。目的は、性奴隷、臓器売買、殺人とグロテスク極まりない。

いつの時代も違法な金儲けには危険が伴う。絶対に近づかないようにしたい。

5ちゃんねるになった今も、鮫島事件のスレッドは密かに更新されている。

戦後間もない〝貧困日本〟の闇伝説 子どもたちが恐れた「人攫《さら》いジープ」

「黄色い救急車」の噂の裏にあった国黙認の人身売買

戦後の闇市を仕切っていた ヤクザと復員兵たちの闇ビジネス

「黄色い救急車に連れて行かれるよ」――。

少し人と違ったところがあると、こんなふうに言われる時代があった。

これは、精神病者専用の救急車は「黄色い救急車」であるという噂に端を発したもの。結論から言うと、まったくのデマである。黄色い救急車など日本には存在しない。あったのは、国が黙認していた「人攫《さら》いのジープ」だ。

戦後間もない貧しい時代の日本。国民が全員飢えていた。生きていくこともままならず、幼い子どもを道端に棄てる家庭も多くあったという。そこに目をつけたのが、当時、闇市を仕切っていたヤクザと復員兵だった。

持て余した子どもを在日アメリカ人や海外に売ろうと考えたのだ。「日本人の子どもって売っていたら、買いますか？」――そんなふうにたずねたかは定かではないが、リサーチをかけ

文／桜木ピロ子

ると、需要があることがわかった。日本人の子どもは従順でよく働くと海外の富裕層が欲しがったそうだ。労働力として売られる子どもたちには、給金が支払われることも多く、親も子も納得のうえで売られていったという。

地獄の奴隷市場に連れ去られた孤児や貧困家庭の子どもたち

悲惨だったのは、性奴隷として売られた子どもたちだ。さすがに、鬼畜米英の慰み者としてわが子を売る親は少ない。そこで闇市の連中が考え出したのが、孤児や貧しい家の子どもを「教育を受けさせてあげる」という名目で、ジープに乗せて攫うという手段。孤児の集団がいると聞きつけるとジープで乗りつけ、まとめて攫っては奴隷市場に連れて行ったのだ。

そこは地獄のようだったという。男児も女児も裸に剝かれ、買いつけに来た商人に、性器や肛門をくまなくチェックされる。なかにはその場で穴という穴を輪姦される子どもたちもいた。

恐ろしいのは、国がこの事実を黙認していたということだ。

「ジープに連れて行かれるよ」――。子どもたちはそう声をかけ合って、身を守っていたとか。

どん底だった戦後の混乱期。何が起きていたとしても不思議ではない

第4章 メタバースと宇宙の超「陰謀」

都市伝説・考察系YouTuber **ワンダーウォール！**が語るベストワン

〝お騒がせ男〟前澤友作氏にトンデモ疑惑
「前澤氏は実際には宇宙に行っていない」

■前澤友作公式ツイッターより

ワンダーウォール！●わんだーうぉーる
世の中の不思議な出来事や予言、スピリチュアルなど面白さと驚きを兼ね備えた事柄を紹介しているYouTubeチャンネル。動画投稿においてのモットーは「知りたがりのあなたの好奇心を満たす動画のアップロード」。動画では視聴者の心に響くような予言やメッセージを取り上げることも多く、数々のファンが人生のヒントをもらっている。チャンネル登録者数は11.5万人（2022年3月現在）。

月面歩行したとされる宇宙飛行士の謎発言

２０２１年12月8日、ＺＯＺＯ創業者の前澤友作氏が搭乗したロシアの宇宙船ソユーズＭＳ−20が、国際宇宙ステーション（ＩＳＳ）へ向けて打ち上げられました。前澤氏は12日間のＩＳＳ滞在を経て同月20日、無事に地球へと帰還。この〝宇宙旅行〟は民間人としては初のＩＳＳ滞在を実現したものであり、世界から大きな注目を集めました。滞在中に撮影されたYouTube動画は数十万〜数百万もの再生回数を叩き出しています。

前澤氏の試みを称賛する声が挙がった一方で、「前澤氏は実際には宇宙に行っていないのではないか」「動画や画像はスタジオで撮影されたものではないか」という声もネット上で散見されました。この主張を陰謀論だと切って捨てるのは簡単ですが、これまでの宇宙飛行の歴史を振り返ってみると、宇宙空間というものが本当に存在するのかどうか、疑わしいと思わされるような出来事が多々あるのです。

２０１５年、米国ワシントンD.C.のウォルター・E・ワシントン会議場で開催された「ナショナル・ブック・フェスティバル」では、こんな一幕がありました。１９６９年に月面着陸をしたアポロ11号のパイロットとして、ニール・アームストロング船長とともに月面歩行をした宇宙飛行士バズ・オルドリン氏が同フェスティバルのイベントに登壇。参加者の子どもから投げかけられた「なぜ、こんなに長い間、誰も月に行かないのですか？」という問いに対し、「それはあなたの疑問というより、私の疑問なのです。その理由を知りたいです。しかし、私は知っているのかもしれません」と含みのある回答をしたのです。

実は1972年のアポロ17号の月面着陸を最後に、人類は月面へ到達していないのです。またこのイベント当時、米NASAが月面着陸の映像を映画監督スタンリー・キューブリックに依頼し、ねつ造したという説も囁かれていました。もしかしたら、バズ・オルドリン氏の発言は、そのことを暗に示唆したものだったのかもしれません。

地球を覆う危険ゾーン「ヴァン・アレン帯」の存在

2014年12月にNASAは、火星や小惑星への有人飛行実現を目指して開発されたオリオンという4人乗り宇宙船の無人飛行テストを行いました。12月5日の打ち上げに先立ち、10月初旬にNASAはオリオンについての説明動画をYouTubeにアップしています。この動画では、ケリー・スミスというNASAのエンジニアによる「ヴァン・アレン帯」についての説明があるのですが、その内容はいささか違和感が残るものでした。

ヴァン・アレン帯というのは、地球の磁場に捉えられた陽子・電子からなる放射線帯です。地球を360度ドーナツ状にとりまいており、内帯と外帯との二重構造になっています。過去には宇宙船でヴァン・アレン帯を通過すると人体に悪影響があり危険だとされていましたが、今では通過時間がわずかであり宇宙船・宇宙服による遮蔽や防護が可能なことから、ほとんど問題はないといわれています。にもかかわらず、このNASAの動画ではヴァン・アレン帯がいかに危険なエリアで、そこを2度も（行くときと戻ってくるときに）通過することは非常に重大なミッションであると力説しているのです。科学技術が発展した現代ですら危険視しているヴァン・アレン帯を、アポロ計画当時の技術で通過できたのかは、甚だ疑問です。

そして１９７０年代初頭まで、ＮＡＳＡは有人での月探査をたびたび成功させてきましたが、アポロ計画以降は探査機による無人調査に終始していることを考えると、ヴァン・アレン帯は現代科学の叡智《えいち》を以てしても、いまだ超えられない壁だということなのでしょうか。

第二の地球として注目を浴びている火星の探査についても、不自然な点が見受けられます。

地形が酷似している、火星の画像（左）と火星探査機の走行実験が行われているカナダのデヴォン島の画像（右）。これまでNASAが発表した火星の画像は、デヴォン島で撮られたものだったのかもしれない

近年、ＮＡＳＡはカナダのデヴォン島という島で無人火星探査車両ローバーの走行テストを行っているのですが、ＮＡＳＡが発表している火星の写真にはたびたび生物や構造物が写り込み、物議を醸しています。そのうえ、デヴォン島で撮影した写真に赤色のフィルターをかけていることは、ＮＡＳＡも公式に認めているというのだから驚きです。これには、地球で撮られた写

真を火星のものであると勘違いさせる意図が見え隠れします。

地球は「水のドーム」で覆われている――

宇宙飛行士は、船外活動を想定した訓練を宇宙服を着て水中で行います。宇宙での船外活動の映像を見てみても、水中訓練時と似たような動きをしています。宇宙空間と定義される大気圏の高層部には大気がほとんどなく気圧が低いため、水は液体として存在することはできません。しかし、2021年7月11日のNASAライブカメラには、気泡のようなものの映り込みが確認できます。

船外活動中の宇宙飛行士が被っている宇宙服のヘルメット内に〝水漏れ〟が発生したというトラブルも、過去数回発生しています。2013年7月16日にISSで行われた船外活動では、イタリア人宇宙飛行士のルカ・パルミターノ氏が装着中のヘルメット内に1～1・5リットルもの水がたまり、まさに〝溺れる〟寸前の状態に。船外活動をやむなく中断することとなりました。宇宙服の中で液体を循環させている冷却装置から水が漏れ出た可能性があるとのことですが、水の流出元は不明です。

また2015年11月、ロサンゼルス上空で不思議な飛翔体が目撃されています。青く細長いそれは、夜空を直進しながら、霧の中に溶け込むように徐々にフェードアウトしていきました。

地球平面説を唱えるフラットアーサーたちの間では、地球と大気圏はガラス質のドームで覆われているという説が有力視されていますが、私は一連の出来事に鑑みるに、地球は〝水のドーム〟で覆われているのではないかと見立てています。近年の宇宙飛行の行き先は、ヴァン・アレン帯よりも手前にある水の層だと考えるほうが、より自然なのではないでしょうか。

「ノアの方舟」伝説の洪水は水のドームから降り注いだ

この〝水のドーム〟という発想は、旧約聖書の『創世記』に登場する「ノアの方舟《はこぶね》」にも通ずるところがあります。「ノアの方舟」では、人類の堕落に怒った神が大洪水を引き起こし、唯一正しい心を持つノアを救うために「方舟をつくり、家族と動物たちを乗せるように」と命じます。40日間もやむことなく降り続けた雨によって地球上の生命はほぼ絶えてしまいます。洪水が引き起こされるよりも以前は、有害な宇宙線（放射線）が水の層によって遮られていたため、人類の体格は今よりもっと大きく、何百年と長生きしていたと聖書には記されています。この巨人に関する記述は、かつて存在した世界統一文明国家「タルタリア」の時代の超巨大建造物を裏付けるものだと捉えることもできるのではないでしょうか。

とどのつまり、「ノアの方舟」で引き起こされた洪水は、水のドームから降り注いだものであり、1816〜1835年頃に数メートルもの泥の堆積をもたらし、タルタリア文明を消し去ったといわれている〝泥の洪水（マッドフラッド）〟現象も、水のドームから降ってきたと考えれば合点がいきます。

月や火星などに資源を求めて拠点を移す日を思い描かせ、あたかも宇宙開発が問題なく進歩しているかのように見せる演出の数々——それらに素直に手を叩いて喜ぶのは、あまりに無防備かもしれません。

都市伝説・考察系YouTuber **MATT**が語るベストワン

日本政府も推進するアバター社会の悪夢「メタバースで死んだら現実世界でも死ぬ」

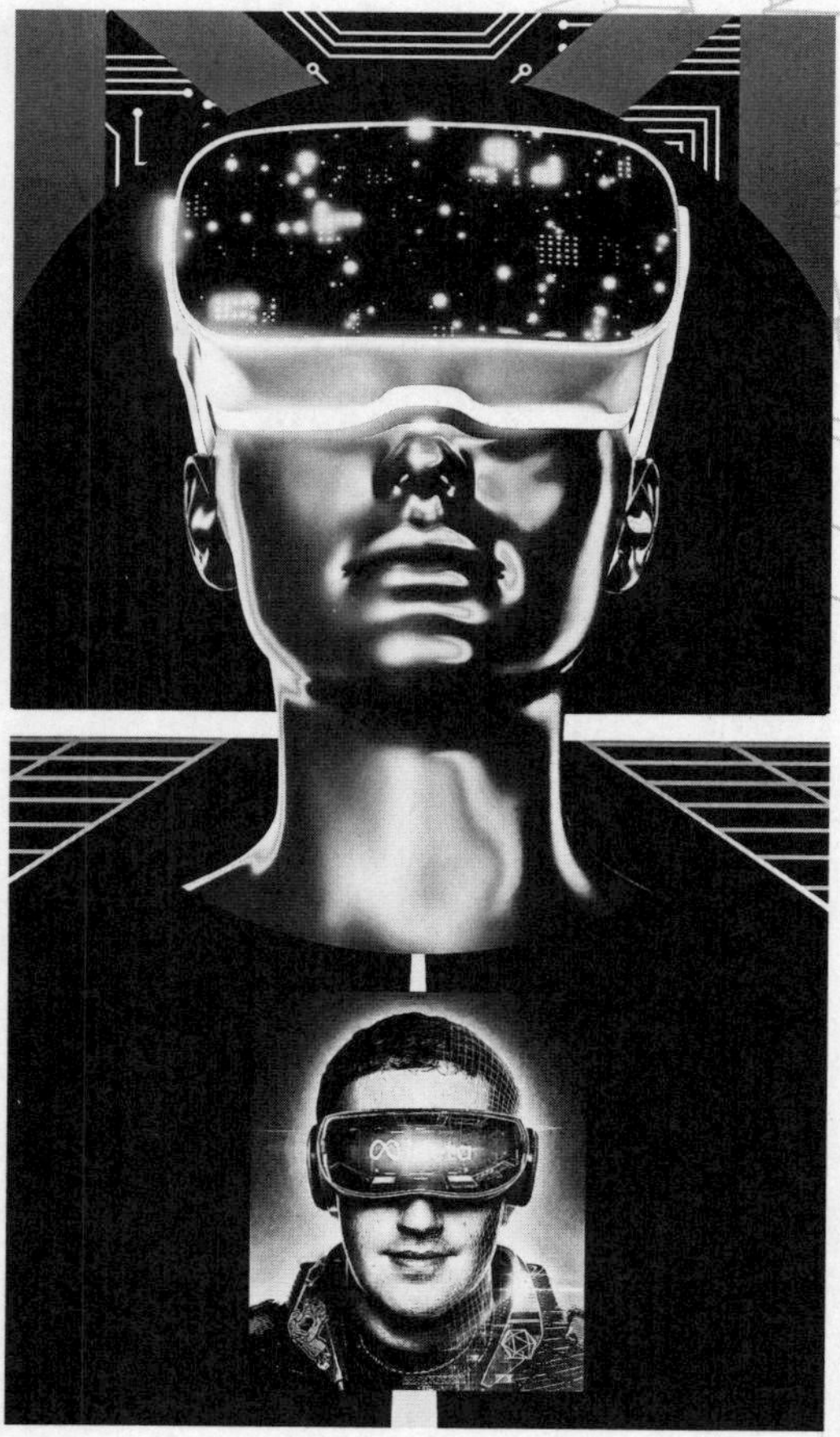

超有名企業Facebookがなぜ社名変更までするのか？

「ＧＡＦＡ」とは、世界的に強大な影響力を持つＩＴ企業群の通称だ。このうち「Ｆ」は、アメリカのＳＮＳ最大手企業「Facebook」を指す。Facebookという社名は、同社の主要サービスであるFacebookの名称と共通していた。しかし、同社は２０２１年10月、社名を「Meta」に変更したのだ。

社名を変えるという大胆な行動の真意――。それは、主軸となる事業をFacebookから変えるという意思表示であろう。

新社名の「Meta」が指すのは、昨今話題の「メタバース」という仮想空間のことだ。Facebook、改めMetaは今後、仮想空間事業に力を入れていくために、わざわざ社名を変更したのである。

メタバースとは、いったいなんなのか。まずは簡単に説明しておこう。メタバースとは、「メタ（超越）」と「ユニバース（宇宙）」という２つの単語を組み合わせた造語だ。もともとはＳＦ作家のニール・スティーヴンスンが１９９２年に発表した『スノウ・クラッシュ』という小説のなかに登場する仮想空間サービスの名称だった。小説内だけで使われていた言葉が、次第に一般的にも用いられるようになっていったのだ。

メタバースの世界では「ブロックチェーン」という技術が活用されている。この技術は仮想通貨などですでに利用されているように、データの改ざん、システムダウン、取引の記録の消去を起こしづらくする。

オンラインゲームなどを想像してほしいのだ

が、これまではアカウントをつくり直せば、自分の仮の姿であるキャラクターやアバターのデータは消えてなくなっていた。しかし、ブロックチェーン技術を用いているメタバースの世界では、アカウントをつくり替えてデータをリセットするという行為ができなくなる。メタバースの世界にいる自分は、現実世界の自分と強く紐づき、まるで「替えが効かないもうひとりの自分」のような存在になるのだ。

新型コロナパニックで オンライン生活が一般化

前置きが少し長くなったが、ここから、都市伝説的な話をしていこう。なぜMetaは、メタバース事業に本格的に乗り出そうとしているのか。その裏には、増えすぎた人間を削減していき、安定的な社会を実現させたいという計画が潜んでいるという。現在、この計画をスムーズに進めるために世界で起きているのが「新型コロナウイルスのパンデミック」であり、日本政府が掲げるのが「ムーンショット目標の実現」だ。

　日本政府は「我が国発の破壊的イノベーションの創出を目指し、従来技術の延長にない、より大胆な発想に基づく挑戦的な研究開発（ムーンショット）を推進する国の大型研究プログラム」を進めている。このプログラムに基づいて政府が掲げている目標が「ムーンショット目標」だ。９つある目標のうち、一つ目に打ち出されているのが「２０５０年までに、人が身体、脳、空間、時間の制約から解放された社会を実現」というもの。内閣府のホームページには、アバター生活を社会活動の基本とする旨が書かれており、現実世界から仮想空間での生活へステージを移行させたい狙いが伝わってくる。

アバター生活が進んでいけば、肉体は同じ場所に留まったまま、仮想空間で気軽に友人に会えるし、海外旅行だってできる。このようなデジタルの世界を中心とした生活を政府は実現しようとしているのだ。

コロナ禍で変化したライフスタイルを思い出してほしい。仕事の打ち合わせもオンライン、友人との飲み会もオンライン、外に出ないで自粛するべし……と、我々はコロナ禍で、家から出ず、直接人と会わない生活を半ば強制されてきた。最初こそ困惑しただろうが、今では多くの人がオンラインツールを使いこなし、買い物も食事も、家から出ずに行えることに違和感を抱かなくなった。キャッシュレス決裁も一般化し、実体のある物に触れる機会がどんどん減ってきているのではないだろうか。新型コロナウイルスの流行は、私たちをデジタルの世界へ依存させ、メタバースを受け入れやすい環境の基盤づくりを目的としてわざと広められたとも考えられるのだ。

メタバース空間での暴走が現実社会の自分に影響する

仮想空間での生活が今以上に浸透していくと、近い将来、多くの人々が登校も出勤もしなくなる。これまで「出社が必須」といわれていた業種の人たちでさえ、メタバース内で雇用が生まれるからだ。メタバースの世界は、現実と同じか、もしくはそれ以上に重視されるようになっていくだろう。

場所に囚われない生活というのは、一見すると便利に思える。実際、コロナ禍でその利便性を感じている人も少なくない。

だが、こうした世界になじめない人というのは、必ず出てくる。使い方云々《うんぬん》ではなく、人とのリアルな交流が減り、「オキシトシン」と呼ばれる幸せホルモンの分泌が減ってしまうからだ。オキシトシンを効果的に分泌させるには、心許せる相手とスキンシップをとるのが一番だといわれている。それなのに、人とのかかわりが減って幸せを感じるホルモンが出なくなっていけば、精神的におかしくなる人も出てくるはずだ。

メタバースでの生活にストレスを感じて精神が不安定な状態に陥ってしまった人は、攻撃的になっていく。しかも、そういう人たちにとってのメタバース空間というのは、オンラインゲームの延長のようなものという認識が強い。ゲーム感覚で人を殴ったり、犯罪行為に走ったりしてストレスを発散しようとするだろう。しかし、実際のところ仮想空間での行動というのは、現実の自分の評価に直結する。メタバース空間でついた犯罪歴は、そのまま現実の世界の自分が背負うことになるのだ。

こうして不審者のレッテルが貼られまくっていくと、現実世界でも何か危険な行為に及ばないかどうかと常に監視され、頻繁に職務質問を受ける羽目になりかねない。よりエスカレートしていけば、「こいつは危険な人物だから」と、何もしていないのに予測逮捕をされるおそれもある。

増えすぎた人間を削減するための〝殺戮システム〟か

このような事態が現実になるとは、信じ難いという人も多いだろう。しかし、MetaのCEOであるマーク・ザッカーバーグは、こう発言している。

「Facebookはこれまでつくられたもののなかで、最も強力な大衆操作ツールだ」

さらにCIA長官補佐のクリストファー・サーティンスキーは、こう言っている。

「Facebookこそ我々がネットを開発した目的であり、このシステムにより全世界の個人情報収集が可能となる」

大衆操作や個人情報収集を行っている会社なのだから、メタバースをそのために使うべく進めている可能性は十二分に考えられる。

もう一つ、ザッカーバーグの言葉を紹介したい。

「メタバースで死んだら現実世界でも死ぬ」

これは、メタバース内で犯罪行為を行うなどして社会的地位を失うと、現実世界でも信用が失墜してしまい社会的な死を迎える、という意味ではないだろうか。

画期的な先進技術に思えるメタバース。だが本当は、増えすぎた人間を削減していくための〝殺戮《さつりく》システム〟かもしれないのだ。もちろん、この話は私が考察した都市伝説にすぎず、100%真実であるとはいえない。それでも、あなたがメタバースの世界へ足を踏み入れる際は、よく考えてからその一歩を踏み出してくれることを願っている。

ザッカーバーグは「今後10年以内にメタバース人口を10億人にまで到達させる」という目標を公言している

都市伝説・考察系YouTuber **太郎（大人ノ学校）**が語るベストワン

Meta（旧Facebook）の会社ロゴが暗示 メタバースが目指すのは〝永遠の命〟！

太郎（大人ノ学校）●たろう（おとなのがっこう）
エンタメと都市伝説を掛け合わせた「知的好奇心系都市伝説」をコンセプトに、ビジネス・テクノロジー・アートの観点から、新時代を生きる知識を学校の先生のように紹介している。日本や世界の神話について圧倒的知識を持ち、歴史が世の中の様々な噂と絡まっていく楽しさを教えてくれる。陰謀論や、『ワンピース』の「Dの意思」の考察など、幅広く展開する。

神話に描かれた人類発展のイノベーションを象徴する神々

電気、自動車、飛行機、テレビ、半導体、インターネット、クローン技術など、これまで人類に多大な影響を与えてきた発明の数々——これら文明の軌跡と世界の主要な神話を照らし合わせてみることで、人類とテクノロジーの密接なかかわり、そして意外な共通点に気づくことだろう。

旧約聖書では、蛇にそそのかされたイヴ、そしてアダムが知恵の樹の実を食べ、善悪の知識を得る。アダムとイヴの7代目の末裔にあたるトバルカインは鍛冶の始祖として信仰され、その製鉄技術は人類のテクノロジー文明の基盤となっている。

あるいはギリシャ神話のプロメテウスは、炎と鍛冶の神ヘパイストスの鍛冶場から火を盗み、人類に与えた。プロメテウスから与えられた火を礎として人類は多くの恩恵を受け、現在のテクノロジー文明の稼働へとつながっていく。さらに興味深いことに、ギリシャ神話ではヘパイストスは旧約聖書におけるトバルカインと同一視されており、人類に火という文明をもたらしたプロメテウスは、蛇であるという解釈もされている。

つまり、これら2つの神話において人類への知恵の譲渡は蛇によって遂行され、その知恵を発達させた先に起こるのがテクノロジー文明であるといえる。

Metaのロゴマークに「不死」と「蛇」の象徴が

歴史学者ユヴァル・ノア・ハラリ氏は、著書

『サピエンス全史』で、近代テクノロジーの最終目的は「永遠の命」であるという趣旨のことを述べている。現代科学に直結する系譜でいくと、西洋錬金術は賢者の石という不老不死の霊薬の創造を目指すものであったし、科学というテクノロジーの発展は不死の獲得につながるものと捉えることができるはずだ。

現代において、この不死の獲得につながるテクノロジーだといわれているのが、メタバースというインターネット上の仮想3次元空間やそれに付随するサービスだ。これと並行して研究が進められているのが人間の脳のデジタル化。メタバース上のアバターに脳の情報を移管し、本人の死後も擬似的にネットワーク上で生き続けることが可能になることから、このメタバースという技術も間接的に不死を獲得するテクノロジーであるといわれている。

２０２１年10月、世界的ＳＮＳ企業Facebook社がメタバース実現を目指し、社名を「Meta」に変更したことは記憶に新しいが、その新しい社名のロゴマークにも「不死」そして「蛇」という象徴が見てとれる。

インフィニティ＝無限大（∞）マークをMetaの頭文字であるMに似せたロゴは、錬金術において重要な2つのシンボルと一致する。

錬金術においては、男性性（陽）と女性性（陰）という対のものを和合したうえで不死を獲得するという概念が要となるが、それらは「ウロボロス」に例えられる。ウロボロスは蛇、もしくは龍を図案化した古代象徴のひとつで、自分の尾を食らい輪を成すさまは、和合と循環、そして永続性を象徴するものだ。

また別の見方をすれば、インフィニティマークを2匹の蛇として捉えることもできる。弧を描いて交差する2匹の蛇は、錬金術のもうひとつの重要なシンボル「カドゥケウスの杖」に通ずるものがある。カドゥケウスの杖は、ギリシャ神話に登場する知恵の神ヘルメスの持ち物であるということから、知恵の象徴とされている。

つまり、Metaのロゴをカドゥケウスの杖と捉えるのであれば、これは不死を獲得するための知恵であり、それは蛇によってもたらされることを意味しているのだ。

Metaを逆から読むとAtem Atemはヘリオポリス神話の創造神

Metaという言葉はヘブライ語で死を意味し、ギリシャ文字の最後の文字「ω」にも基づいていることから、終わり（破壊）も意味している。Metaのロゴがウロボロスを暗示しているのであれば、そこに隠された意味とは、破壊という「終わり」であり、そこから新たに再生される「始まり」を示しているのかもしれない。

さらに、Metaという言葉を循環させるように逆から読むと、Atemという言葉が浮かび上がる。

Atem（アトゥム）とは、エジプトのヘリオポリス神話の創造神。すなわち、Metaとした場合には死を、Atemとした場合には創造を意味する言葉として捉えることができるだろう。両性具有の神（男性性と女性性の和合）であり、太陽神でもあるアトゥムは、原初の水「ヌン」に沈んでいた太陽の卵が原初の丘に揚がったとき、「ベンヌ」という霊鳥が抱いて温め孵化《ふか》し、蛇の姿をして生まれた。ここでも、永続性や不死を象徴する〝蛇〟がかかわってくるというわけだ。

また、エジプトのメンフィス神話で〝神々の書記〟という異名を持ち、知恵の象徴をなす

「トート」は、朱鷺《とき》の姿で表される。エジプトの葬祭文書『死者の書』には「世界の終焉に再びアトゥムが目覚め、創造したものをすべて破壊しつくし、原初の蛇に還るだろう」という予言が記されており、ここでアトゥムを目覚めさせる役割を果たすのが、トートだといわれている。

アトゥムを孵化させたベンヌ（青鷺《あおさぎ》）と、世界の終焉にアトゥムを目覚めさせるトート（朱鷺）は同一視されている。陰陽のように対の関係を成す青と赤（朱）が混ざりあうと、紫色になる。また、ギリシャの不死鳥フェニックスの語源にも紫という意味があることから、フェニックスの羽の色は紫色であるという説もある。

このように、青と赤、陰と陽、創造と破壊が混沌とし、永続的に循環することでもたらされる不死というものが、このMetaという言葉に含まれていると解釈できる。

Facebook→Metaの変更で秘匿されたフリーメイソンの暗号

FacebookとMetaの頭文字に着目すると、FからMへの変化ということになり、「Freemasonry（フリーメイソン）」を指しているのではないかとする意見も見られる。逆に、Facebookに噂されていたフリーメイソンと関係するという疑惑がこの社名とロゴ変更によって秘匿されたという説もある。その理由として、Facebookのロゴが「two ball cane（トゥーボールケーン）」という、2つのボールと1本の杖から成る象徴に酷似していたことが挙げられる。

トゥーボールケーンは、旧約聖書における鍛治の始祖トバルカインの隠語であるといわれており、フリーメイソンの祖ヒラム・アビフはユダヤ系の母とフェニキア人の父をルーツに持つ。不死鳥フェニックスの語源は「紫」のほか、古代地中海東岸の国「フェニキア」も含まれる。海洋民族であるフェニキア人が交易で主に輸出していたのが紫色の染料であったことからも、不死とのかかわりが示唆される。

また、フリーメイソン式の独特の握手はトバルカインと名づけられ、握手を自分と相手――陰と陽――を合一する行為であると捉えることができる。冒頭で触れたように、アダムとイヴの7代目の末裔にあたるのがトバルカインだが、ギリシャ神話における鍛冶の神へパイストスの7代目の末裔は、イカロスである。イカロスは蠟《ろう》で固めた翼で自由飛行できる能力を手に入れたが、太陽に近づきすぎたために蠟の翼が溶けてしまい、海に墜落して死を迎える。このイカロスのエピソードは、テクノロジーの使い方を誤れば滅亡にも導かれるという戒めが込められた、テクノロジー批判の神話としても有名だ。

創造と破壊を象徴する「Meta」が、人類を不死へと導くのか

メタバースという最新のテクノロジーも、使い方によっては破滅への道をたどるかもしれない。だが、従来のテクノロジーの常識を〝破壊〟し、新たな文明を〝創造〟するという意味では、これもまた人類にとって必要かつ重要な第一歩なのだろう。

都市伝説・考察系YouTuber **くろ丸。**が語るベストワン

「異世界転生」ブームは仮想世界での〝生まれ変わり〟を一般化させる前兆だ！

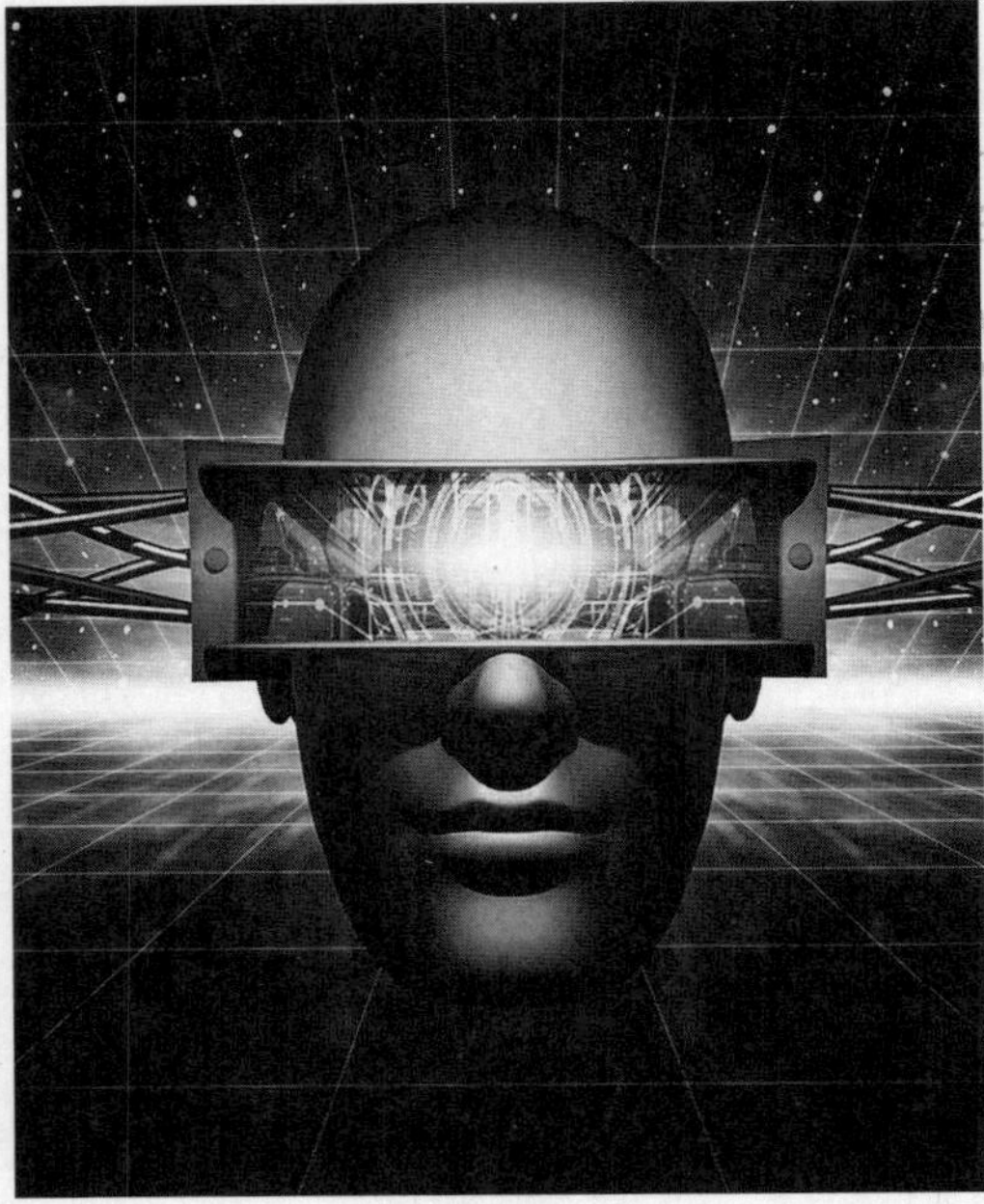

くろ丸。●くろまる。
都市伝説チャンネル「くろ丸。ミステリー」を運営。普段の生活では知ることのない陰謀や、世界の都市伝説など"真実を求めて得た知識を楽しく広めたい"というコンセプトで活動中。2021年の春先に動画内容に規制がかかり、YouTubeアカウントが削除され、その後アカウントをつくり直している。2022年3月時点のチャンネル登録者数は7600人。黒いフードとマスクが特徴。

輪廻転生の死生観と最新デジタル概念の融合

本稿で紹介するのは、すでに広く知られている都市伝説ではない。一見バラバラに思える点と点をつなぎ合わせて見えてきた、私の仮説である。

その仮説とは〝輪《りん》廻《ね》転《てん》生《しょう》〟は〝メタバース〟間の移動を示しているのでは、というもの。

スピリチュアルの分野で浸透している輪廻転生という概念と、最先端テクノロジー分野で研究されているメタバース……。この2つの事柄に共通点を見出すことで、新たな世界の仕組みが見えてきたのだ。まずは、それぞれの概念について解説しよう。

輪廻転生とは、〝生まれ変わり〟とも呼ばれ、死んだ人間は新たな生命を得て、再び現世に戻ってくるという死生観。主に仏教やインドのヒンドゥー教の思想として広まっており、私たち日本人にとってもなじみのある概念だろう。また、前世の記憶を持って生まれた人々が、世界各地で報告されていることも、輪廻転生を信じる人々の論拠になっている。

前世の記憶を持つ者は、その多くが6歳未満の子どもであり、その年齢では知り得ない知識を有しているという共通点がある。そして不思議なことに、6歳を超えると徐々に前世の記憶が薄れていくのも特徴だ。子どもの妄想だと切り捨てるのは簡単だが、彼らが高い知能を持っていることから、輪廻転生を完全に否定するのは難しいだろう。

一方のメタバースは、スピリチュアルな世界とはまったく異なるデジタル領域の概念だ。都市伝説に親しんでいる人なら一度は耳にしてい

イーロン・マスクは、現世を“コンピューターシミュレーション”と考え、巨額の資金をつぎ込み「仮想空間からの脱出」を試みているという

るメタバースについても、念のため触れておく。

メタバースとは、インターネットなどの仮想空間のなかにアバターをつくり、コミュニティを形成したり、生計を立てたりできる世界を指す。メタバースの実用化はまだ先だが、近年のテクノロジーの進化や、実業家のビル・ゲイツが「2〜3年以内にオンライン会議がメタバースに移行するだろう」と予測しており、そう遠くない未来に実現すると考えられている。

そして、最もメタバースの実現に近づいているのはゲームの分野だ。ゲームのグラフィックは年々リアリティを増し、今後はさらに現実世界と遜色《そんしょく》ない世界を作り上げていくだろう。

私たちがいる現実世界が「仮想空間」である可能性も

そして、輪廻転生とメタバース、双方をつなぐカギとなるのが〝シミュレーション仮説〟という考え方。これは、私たちがいるこの世界は何者かが作り上げた仮想空間であるシミュレーション世界なのでは、という仮説だ。世界屈指の大富豪イーロン・マスクは、「この世界が仮想空間でない確率は『数十億分の一』と確信している」と語っている。彼は将来、テクノロジーの進化により、未来のある時点で現実と仮想現実との区別はつかなくなる、と予想した。そして、〝すでにそれが起きている〟と考えない理由はない、と付け加えている。イーロン・マスクのいうように、この世界が「仮想現実ではない」という証拠はない。ないことを証明することはまさに悪魔の証明となるだろう。

また、リアリティを追求したゲームの世界にVR（仮想現実）ゴーグルなどのデバイスを使って自由に出入りできれば、イーロン・マスクのいうとおり、現実と仮想現実の境目がなくなる日は近い。いや、我々はもうすでにメタバース世界にいるのかもしれないのだ。

死ぬと同時にデータ化された魂が別のメタバースに飛ばされる

今、私たちの目に見えている世界が、シミュレーション世界だと仮定すれば、人の意思や魂がデータ化されている可能性も否定できない。そのシミュレーション世界では、死ぬと同時にデータ化された魂が別のメタバースに飛ばされる。この事象こそが〝輪廻転生〟の正体なのではないか、と私は考えたのだ。

近年、アニメなどの人気カテゴリーになっている〝異世界転生作品〟をイメージするとわかりやすい。もちろん作品によって違いはあるが、その多くが物語の冒頭で主人公が死亡し、前世

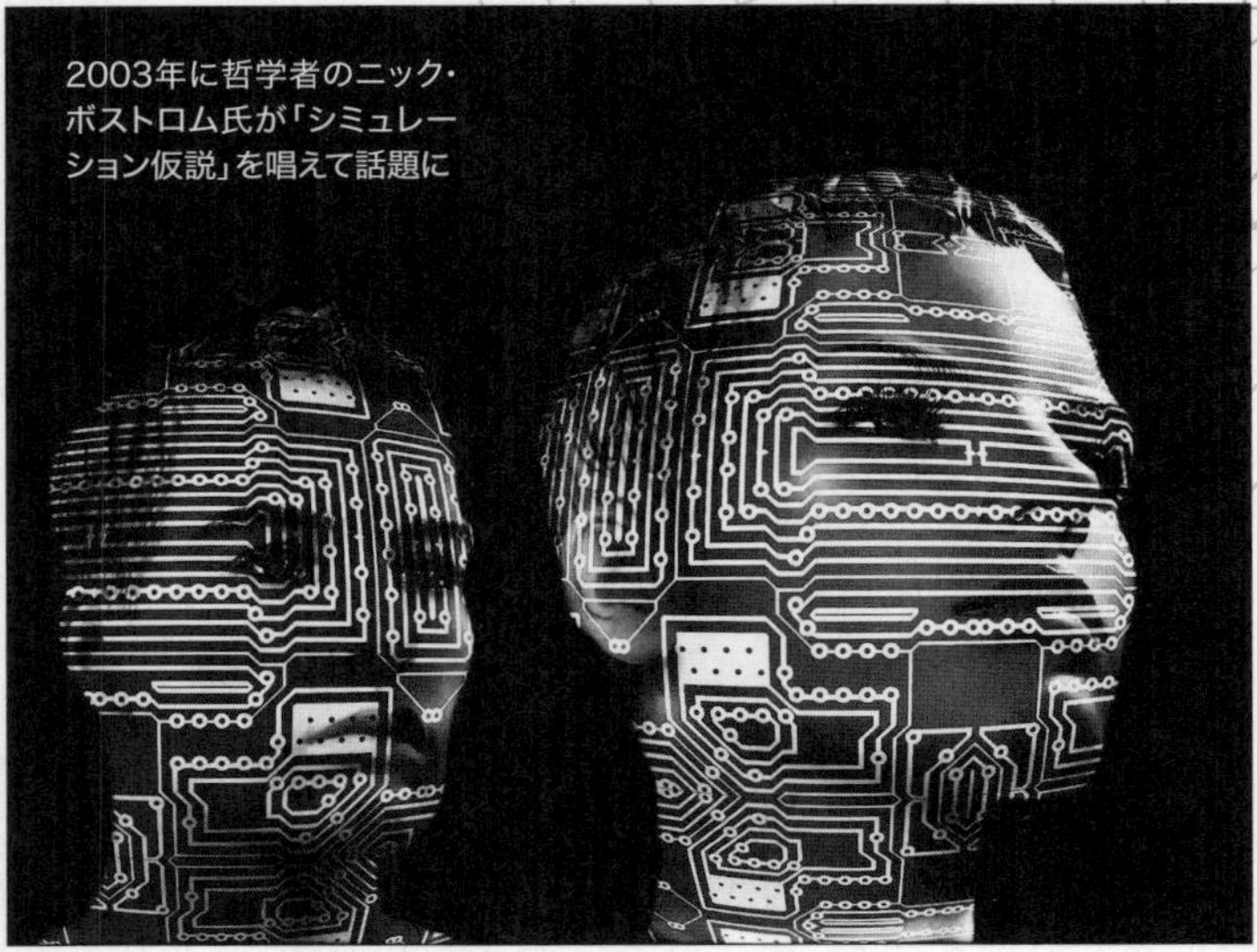

2003年に哲学者のニック・ボストロム氏が「シミュレーション仮説」を唱えて話題に

の記憶を持ったまま異世界に転生するストーリーだ。これは、私が考えた〝輪廻転生はシミュレーション世界間の移動を示す〟という仮説と世界観が合致している。また、メタバースが注目を集めている現代に異世界転生作品が流行しているのも、人々が違和感なく輪廻転生を受け入れられるように〝仕組まれたブーム〟とも考えられるだろう。

それではなぜ、我々はメタバース間で転生を繰り返しているのか。その疑問は現世が〝シミュレーションゲームの世界〟と解釈すれば、説明がつく。現実の世界にいる私たちの本体はゲームのメタバースの世界に入って人生をプレイしているにすぎない。そして、ゲーム上で死ぬと〝ゲームオーバー〟となり、プレーヤーたちは前世の記憶を消去して、自分の魂のデータを別の世界に移行しているのだ。

ゲームを本気で楽しむには、その世界に没入しなければならない。そして〝究極の没入感〟を得るには、メタバースの外にいる自分の記憶や前回プレイした記憶を消去する必要があるのだ。また、プレーヤーのなかには、前世の記憶を残して新しい世界でプレイを始めるケースもあるはず。そう考えると、世界各地で前世の記憶を持つ子どもが生まれる理由も納得がいく。我々の知る輪廻転生は、ゲームにもともと組み込まれている機能のひとつなのかもしれない。

　ちなみに2013年には、米マサチューセッツ工科大学で、1匹のマウスの脳を別のマウスの記憶に書き換えるという実験に成功している。実験から9年も経過していることを考えると、秘密裏に人体実験が行われ、すでに実用化されている可能性もゼロではない。この世界で〝記憶の消去・書き換え〟が現実のものになりつつあるなら、現世よりもさらにテクノロジーが進化しているメタバースの世界では、一般的な技術として広まっているはずだ。

　もちろんここに綴った内容は、あくまで私の仮説にすぎない。真実はどうあれ、実際に今、仮想世界の技術は向上し、日本の内閣府は人が身体、脳、空間、時間の制約から解放される社会を実現するための〝ムーンショット目標〟を掲げている。人類の時計の針は仮想世界をキーワードに進められているのだ。これから私たちは、世界が一気に変わる瞬間の目撃者となるのかもしれない。

今後、映画『マトリックス』の仮想現実世界が現実のものになるとされる

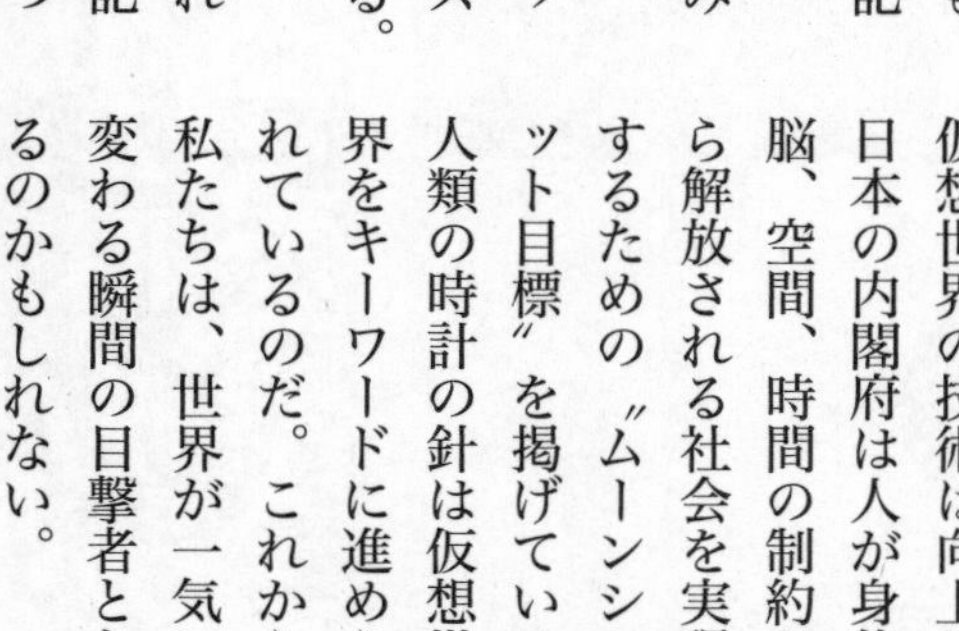

都市伝説・考察系YouTuber **天日矛**が語るベストワン

宇宙人は人類の敵か味方か？
人間の前に姿を現さない本当の理由

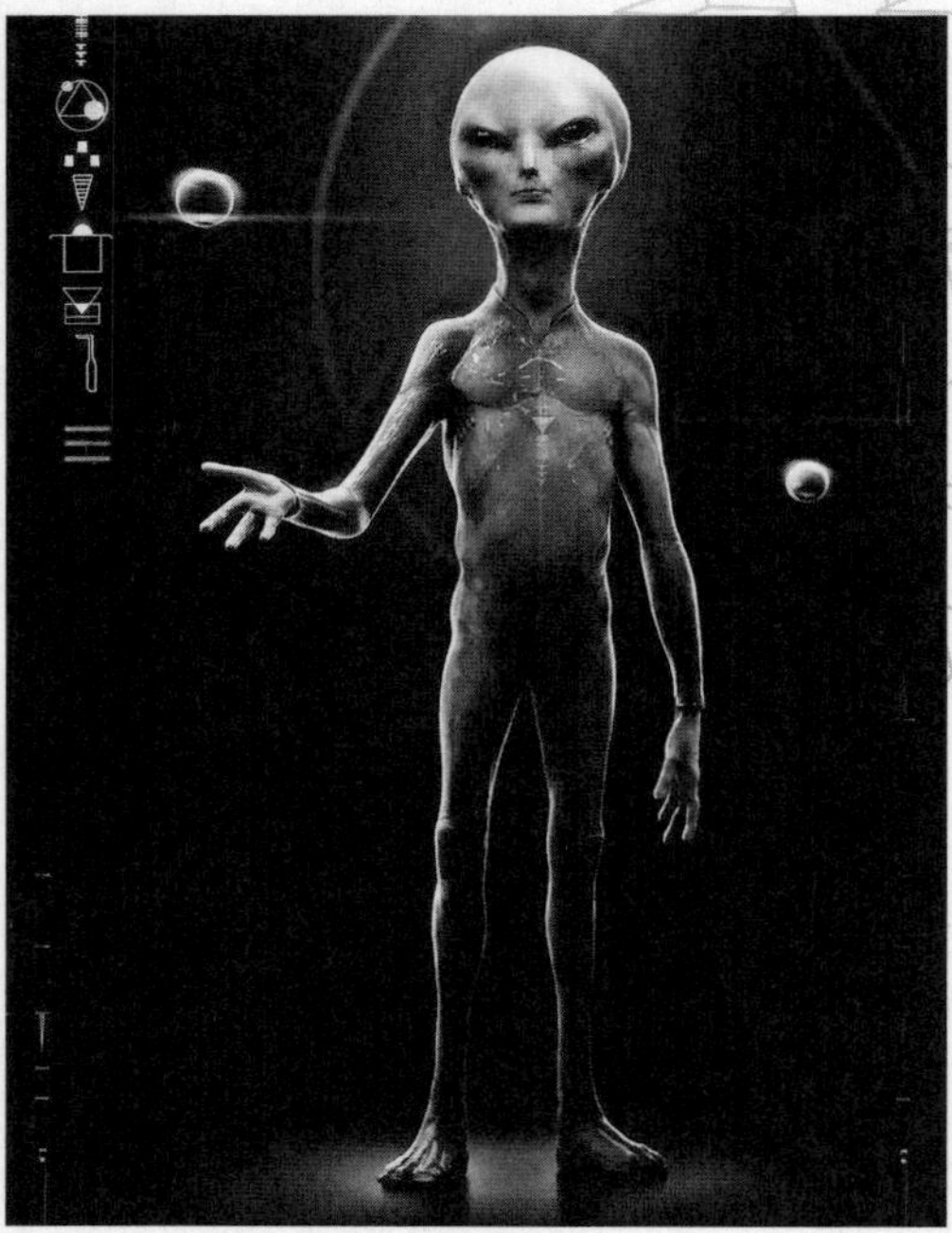

天日矛●あめの・ひほこ
チャンネル登録者6.68万人（2022年3月現在）の啓蒙YouTuber。未来人との遭遇やパラレルワールドをはじめ、明晰夢、仮想現実、AI、さらには宇宙人とコンタクトする方法まで幅広い分野を扱うが、テーマとしているのは「心眼を養う力」。独自の世界観で真理にアプローチする。前世は月堂圓心（室町時代の臨済宗建仁寺派の禅僧）。

就寝中に布団を引っ張る 5歳児くらいの背丈の「何か」

宇宙人の存在を否定する人々が「宇宙人がいるなら、なぜ堂々と姿を現さないのか」という疑問を投げかけてくることがある。本稿で触れる内容は、この疑問に対する答えのヒントになるかもしれない。そこでまずは〝宇宙人コンタクティ〟、あおいさんのエピソードを紹介しよう。約10年前にあおいさんが体験した出来事だ。

ある夜、就寝中の彼女は、自分の布団を何者かが引っ張っている感覚に襲われた。それ以降、毎晩のように布団を引っ張られ、ときには布団が宙に浮かぶこともあったという。初めは恐怖を感じていたあおいさんも、1カ月まともに眠れていなかったため、ある日、現れた何者かに怒りを覚え、心の中でこう叫んだ。

「もういいかげんにして！」

起き上がった彼女が、布団が引っ張られる方向に目を向けると、そこには5歳児くらいの背丈の〝何か〟が立っていたという。つるんとした顔には目と鼻はあるが口はなく、異常に長い手の指と骸骨のように細い体。宇宙人の種類でいえば〝グレイ〟に最も近い容姿だったという。

あおいさんは、明らかにこの世のものではない〝ソレ〟を見ても「なぜか恐怖を感じなかった」と話す。そして宇宙人らしき生き物と対峙《たいじ》している間、自分であって自分でないような感覚に陥ったという。「なぜ宇宙人がここにいるんだろう」と考える一方、それと〝会話〟をしている自分がいたのだ。

彼らは、あおいさんの頭の中に〝テレパシー〟で直接語りかけてきた。カタカナのような文字が左から右へと流れ、あおいさんはその内容を理解していた。しかし彼女の記憶は途切れてしまい、会話の内容は覚えていないという。

その後、あおいさんは自室で〝UFOらしき光や音〟を3回ほど目撃したが、心の中で「もう来ないで！」と叫ぶと、音と光は遠ざかっていったという。以来、何事もなく10年の月日が流れた。

ヒューマノイド系宇宙人には「光の存在」と「闇の存在」が

あおいさんが出会ったと思われる〝グレイ〟は、我々地球人と同じヒューマノイド系宇宙人に分類される。地球人よりもはるかに進化した科学技術を持つグレイには、地球人との共存共栄を望む〝光の存在〟と、我々の正しい進化を邪魔する〝闇の存在〟がいる。ちなみにここでいう光と闇は、宗教的な善悪ではなく、地球人の〝正しい進化を助けるか否か〟を意味している。私の個人的な解釈だが、光の存在は我々に過度な干渉をせずに正しい進化を促す宇宙人。一方、我々の意向に関係なく、地球人を誘拐したり、人体実験を行ったりする宇宙人を闇の存在と捉えている。それでは、あおいさんが出会った宇宙人は光と闇、どちらの宇宙人なのだろうか。

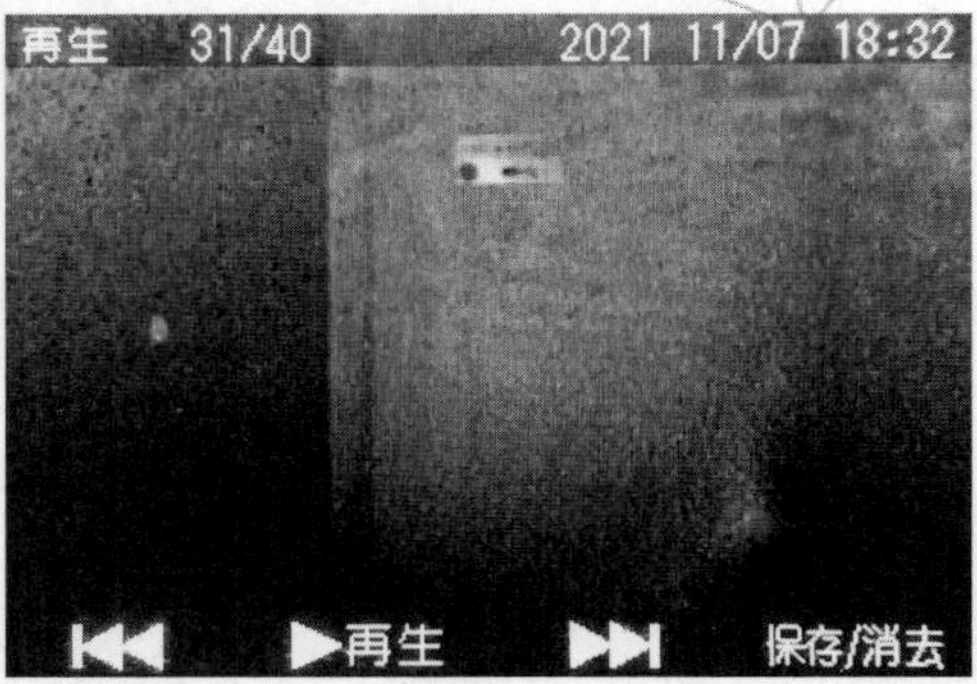

あおいさん宅のインターフォン動画の右下に映り込む宇宙人らしき黒い影（あおいさん提供）

霊視鑑定師の南風さんに彼女をリーディングしてもらうと、新たな真実が見えてきた。南風さんによると、彼女のもとに訪れた宇宙人たちはあおいさんの仲間だという。彼女の過去世のスピリットはグレイ系の亜種で、仲間は今も彼女を見守っている、と南風さんは語る。するとあおいさんも、長年の疑問が解消されたように「幼い頃から〝人間である自分〟に違和感があった」と返した。そして南風さんはリーディングの結果、「彼らがあおいさんにコンタクトを取った目的は地球人の生態調査にある」という答えを導き出した。彼らは地球人との共存共栄を望み、地球人の生態を知るために、同じスピリットを持つあおいさんから、情報を得ていたというのだ。

そしてカギを握るのは、あおいさんがコンタクトを拒むとアプローチをやめている点。彼女の自由意思を尊重した彼らの行動は、過度な干渉を避けている印象だ。地球人に干渉しすぎることは、かえって私たちの正しい進化を阻害してしまうためだろう。

宇宙人たちは、そうした彼ら独自のルールにのっとって私たちにコンタクトしている。それこそが、地球人の前に姿を現せない理由なのではないだろうか。あおいさんにコンタクトしてきた宇宙人は、あおいさんの意思を尊重していることから、〝光の存在〟の宇宙人である可能性が高い。

あおいさんに接触してきたのは地球人の正しい進化を促すため？

あおいさんが宇宙人との交流を断ってから10年。彼女が私の『天日矛チャンネル』を見るようになってから、再び不思議な体験をする機会

あおいさん宅のベランダに残された小さな足跡。何度消しても再び跡がつけられていた時期もあったという（あおいさん提供）

が増えたという。そのうちのひとつが、〝小さな足跡〟だ。マンションの12階にあるはずの彼女の実家のベランダに、奇妙な足跡が残されるようになったという。その他にも、あおいさんが撮影した月蝕の写真にUFOらしきものが写っていたり、実家を訪れたあおいさんがインターホンを押す際、彼女の背後に目が大きな人影のようなものが映っていたり……。あおいさんが自ら宇宙存在に興味を持ったことで、彼らが〝接触〟できる範囲が広まったのかもしれない。

話はこれだけでは終わらない。私は昨年末、ダリル・アンカ氏と対談する機会を得た。彼はチャネリングで宇宙存在のバシャールを降ろし、宇宙の真理にかかわる事柄を発信している人物だ。バシャールは今、私たちと同一の宇宙空間に存在しながら〝時間〟は共有しておらず、遠い未来にいるという。つまり、バシャールはダリル・アンカ氏の〝来世の姿〟でもあるのだ。さらに踏み込むとバシャールとはエササニ星に住むエササニ星人であり、このエササニ星人はグレイ系宇宙人と、我々ヒューマノイドのハイブリッドといわれている。

　これらから予想できるのは、人類の進化の過程でグレイ系の遺伝子が掛け合わさってエササニ星人が生まれる未来だ。そのすべての始まりが、あおいさんとグレイ系宇宙人の交流にあるように思う。

母と一緒にあおいさんが目撃したUFOらしき飛行物体。月の左上を浮遊していたという（あおいさん提供）

　私がバシャールと対談する少し前に、宇宙人との交流を再開したあおいさんから一本のメールが届いた。なんでも、彼らのメッセージのなかに「エササニ」という言葉が含まれていたというのだ。ちなみに彼女は、バシャールの存在を知らない。にもかかわらず「エササニ」という単語が出てきたのだ。彼女とエササニ星をつなぐ〝強大な意思〟を感じざるを得ない。そしてあおいさんの話を聞き、バシャールと対談をした私もまた、大きな流れのなかにいる。

　今、私たち地球人はさまざまな難題を前に変革期を迎えている。地球人の正しい進化を促す存在とのコンタクトは、明るい未来を迎える一助となるはずだ。

オカルト系WEBメディア「TOCANA」総裁 **角 由紀子**が語るベストワン

謎解明!?「超常現象」多発地帯には〝異次元ポータル〟が存在する――!!

ヒストリーチャンネル『スキンウォーカー牧場の超常現象』はシーズン2まで配信中。ポータルを開く儀式を行うなど、謎の解明に挑む

角由紀子●すみ・ゆきこ
上智大学中退後、白夜書房、BABジャパンを経て株式会社サイゾーに入社。2013年に、オカルトの話題を日々配信するウェブサイト「TOCANA」を立ち上げる。『ほんとカナ?ケンドーコバヤシの絶対に観ない方がいいテレビ!』『超ムーの世界R』『すみっこオカルト研究所』『角由紀子の明日滅亡するラジオ』などに出演。Twitterのアカウントは「@sumichel0903」。3月には個人YouTubeやブログを開設予定。

世界一の〝怪奇現象〟多発地帯 米国の「スキンウォーカー牧場」

スキンウォーカー牧場は、世界で怪奇現象が最も多発する場所として有名だ。今回はそんな謎に包まれたスキンウォーカー牧場と当地の調査に多額の出資をしていたロバート・ビゲローという人物の〝裏側〟について紹介したい。

スキンウォーカー牧場は米ユタ州にある広大な牧場で、1世紀以上前から怪奇現象が発生しているといわれている。

そもそも牧場の名前の「スキンウォーカー」とはこの地に住んでいたネイティブアメリカン、ナバホ族の伝承にある〝オオカミの姿をした魔物〟のことだ。ナバホ族は対立していたユト族に支配された際、スキンウォーカーが出現する呪いをこの地にかけたという。以来、スキンウォーカーが現れると噂され、それが牧場名の由来となっている。

1994年、そんないわくつきだった土地にシャーマン家が移り住む。しかし、直後から牛

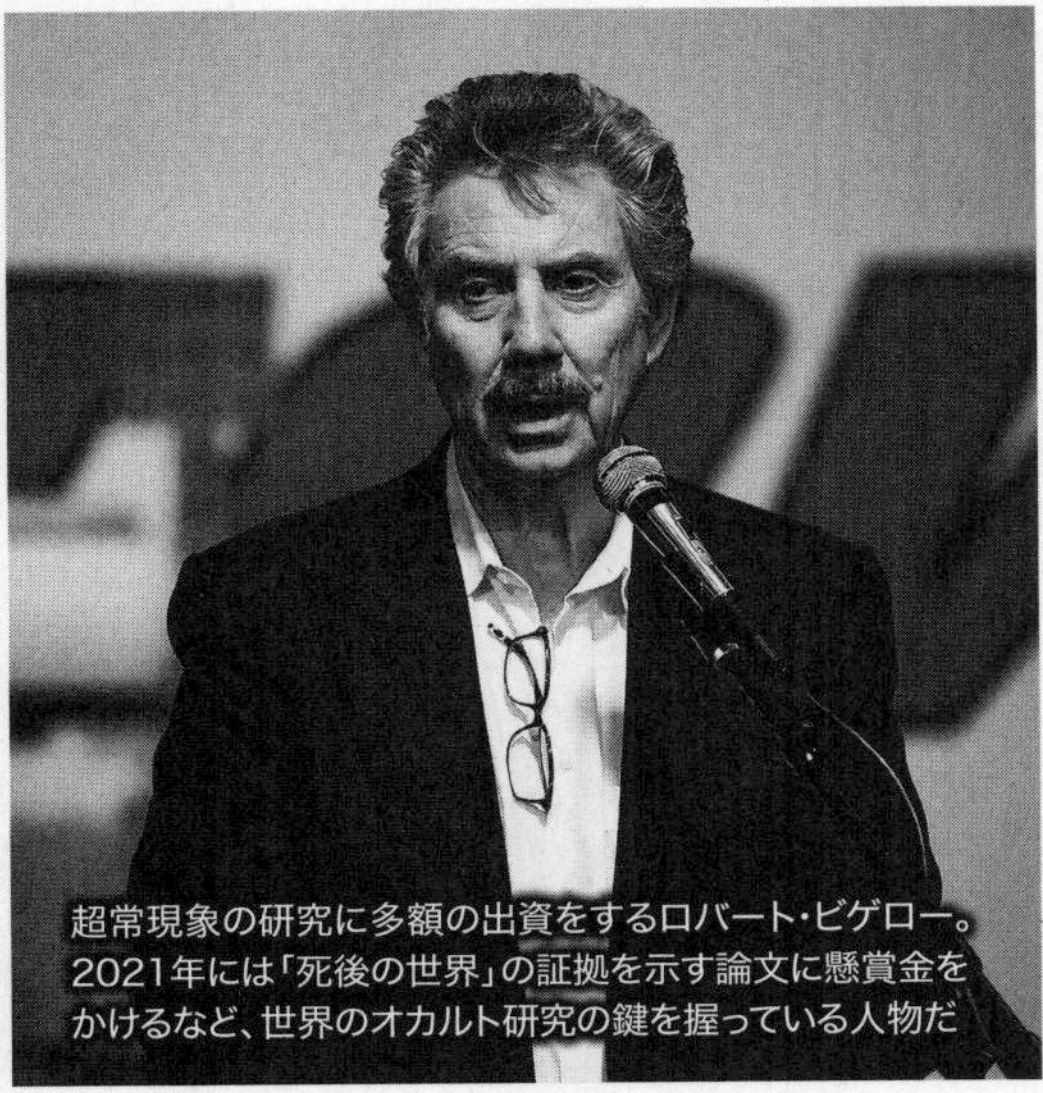

超常現象の研究に多額の出資をするロバート・ビゲロー。2021年には「死後の世界」の証拠を示す論文に懸賞金をかけるなど、世界のオカルト研究の鍵を握っている人物だ

が血や臓器が綺麗に抜き取られた状態の死骸で発見されるキャトルミューティレーションが発生。他にもポルターガイスト、スキンウォーカーに似たオオカミの怪物やＵＦＯが目撃されるなど怪奇現象が続出する。オオカミの怪物は銃で撃ったにもかかわらず、悠々と闇に消えて行ったという。

　さらにオレンジやブルーのオーブが宙を舞う、牧場に足を踏み入れた人の三半規管に異常が出る、家の中の物がなくなるなどの異常現象も相次いだ。

NASAに資金提供の大富豪と「ヒストリーチャンネル」の調査

　そんな不気味な土地ゆえに、シャーマン家は早々に牧場を手放すことになる。その後、牧場を引き受けたのが冒頭で紹介したロバート・ビゲロー氏である。

　ビゲロー氏は１９９６年にこの牧場を購入。彼はアメリカでホテル王として財をなし、ＮＡＳＡに多額の資金提供をしていることでも知られる大富豪だった。また、２００７年から２０１２年までアメリカ政府によって進められた、ＵＦＯやワームホール（２つの離れた空間領域を結ぶトンネルのような時空構造）などを研究する先端航空宇宙脅威特定計画（ＡＡＴＩＰ）にも出資。ビゲロー氏は超常現象の研究に私財を投じている人物なのだ。

　もちろん、スキンウォーカー牧場の購入も調査目的であり、ビゲロー氏が所有するビゲロー・エアロスペース・アドバンスド・スペース・スタディーズ（ＢＡＡＳＳ）社によって調査された。さらに、牧場はアメリカ国防総省（ペンタゴン）の調査対象にもなり大規模調査が行われたという。

超常現象の解明に期待が寄せられたが、調査結果も明らかにしないまま、２０１６年にビゲロー氏は牧場を手放してしまう。これによって、牧場に関する憶測や考察がさらに高まっていったのだ。

ビゲロー氏が手放した後は、彼の意思を継いだ実業家ブランドン・ヒューガル氏が所有者となる。彼も牧場の調査を引き続き行っていたのだが、そこに目をつけたのがヒストリーチャンネルだった。

歴史番組やドキュメンタリーに定評があるヒストリーチャンネルが、名だたる科学者を動員し、ヒューガルとともに牧場の調査に乗り出したのである。この模様は『ヒストリーチャンネル』の「スキンウォーカー牧場の超常現象」に詳しいが、そこでも不可解な現象が多発している。

例えば、ＵＦＯの目撃情報が多い丘や廃墟では電磁波の数値に異常が現れたり、その地点だけ急に気温が低下したりするのだ。サーモグラフィーの色が、赤（高温）や紫（低温）に次々と変化するなど、明らかに牧場内で「地続きではない場所」があることが示される。

また、このようないわくつきの場所では電子機器に異常が発生するケースがあるが、番組内では瞬時にスマホなどがハッキングされるという高度かつ理解不能な壊れ方を見せた。これに呼応するように牧場関係者も「新顔が牧場に来ると機器が故障したり、ＵＦＯが現れたりする」と何者かの存在を示唆するような発言をしている。

ワームホールがあると仮定すれば すべての謎に説明がつく

このような現象を目の当《ま》たりにした専門家は、

「ワームホールがあると仮定すれば、すべての謎に説明がつく」と導き出した。

つまり、現代の科学では解明できず、明らかに地続きではない場所、異次元ポータル（異次元への入り口）やパラレルワールド（並行世界）のようなスポットがスキンウォーカー牧場には存在するということである。UFOや怪物、心霊など相次ぐ超常現象もこのワームホールの存在ですべて「つながっている」と推測されるのだ。

そして、これらの現象に対する研究支援を一貫して行ってきたビゲロー氏は、この真相に近づいている可能性が非常に高い。これを裏付けるような発言をビゲロー氏は2017年のテレビ番組でしているのである。

「（エイリアンを見つけるために）どこにも行く必要はありません。彼らは〝人々の鼻のすぐ下〟にいます」

つまり、エイリアンは我々のすぐそばにいるということを示唆し、エイリアンが行き来しているワームホールや異次元ポータルは我々の近くに存在しているが気づいていないだけ、ということだ。これはNetflixのオリジナルドラマ『ストレンジャーシングス 未知の世界』で描かれた裏側のパラレルワールドをイメージすればわかりやすい。

このような異次元への入り口がスキンウォーカー牧場ではっきりと現れているため、霊感がない人でも超常現象を認識してしまうわけである。

世界にはそのような場所が他にも存在すると考えられるが、実は日本にもあらゆる超常現象が発生するスポットがある。それが都内の某ビルにある俳優レッスンスタジオ、Yプロダクシ

Netflixのオリジナルドラマ『ストレンジャーシングス』がインスパイアされたのは、米国政府の超能力極秘研究「モントーク計画」。米国政府はすでにワームホールの真相に近づいているのかもしれない

ヨンだ。

　そのビルでは宇宙人の目撃情報や謎のうめき声、電子機器の故障、物の紛失が頻発している。私も取材に行ったが、電球の点滅や天井から出る無数の手などさまざまな怪奇現象を目の当たりにした。ちなみに、ビルは事故物件ではない。そこは、スキンウォーカー牧場と同様に異次元ポータルがはっきり現れている場所なのである。

　こうした異次元ポータルやワームホールの存在を長年調査しているビゲロー氏だが、今日までほとんど情報を明らかにしていない。もしかすると、彼はすでにポータル間を移動するすべを持ち、次元間を行き来している可能性もあるのではないだろうか。

　近い将来、彼によって世界の〝裏側〟が明かされることを期待したい。

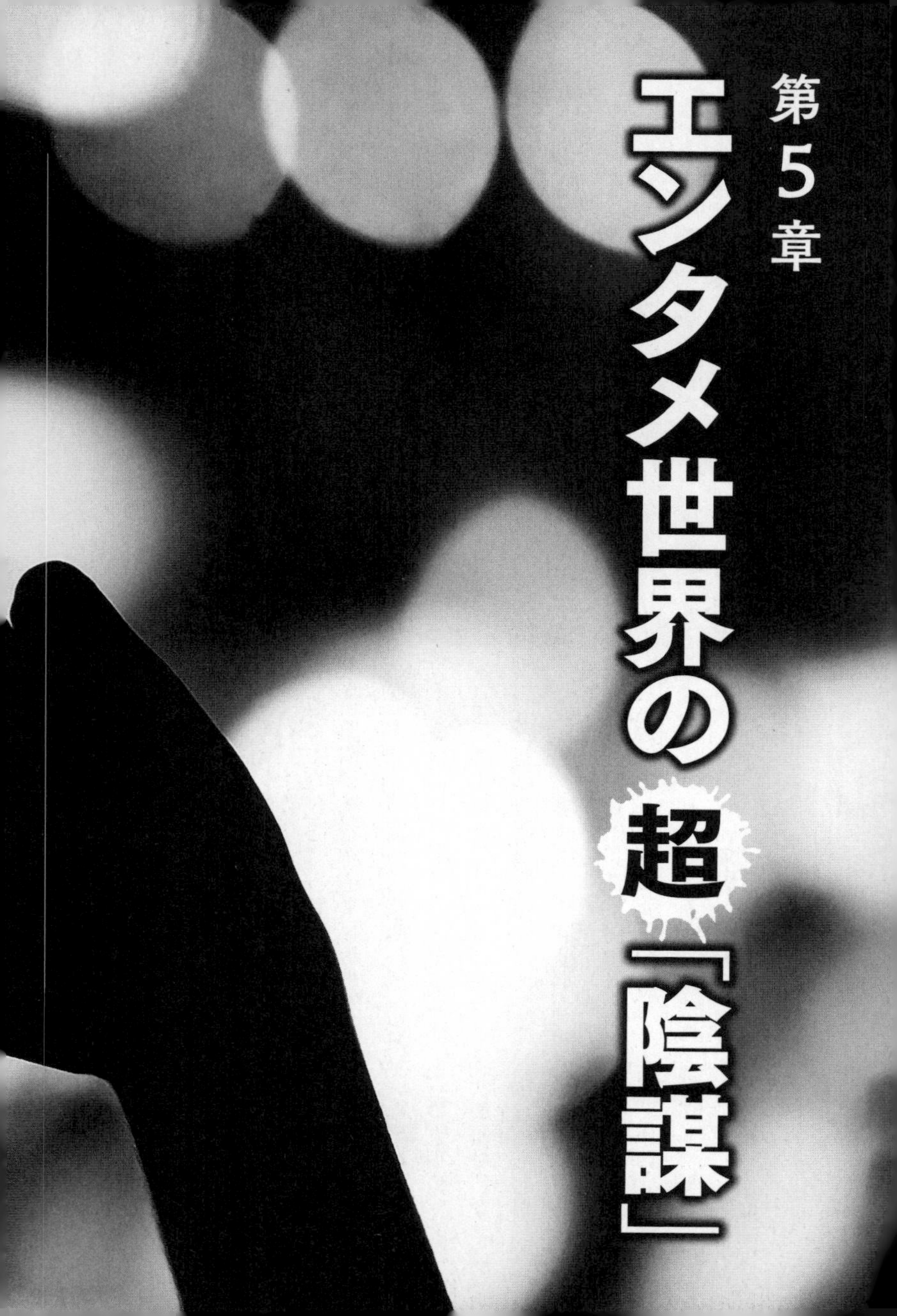

第5章 エンタメ世界の超「陰謀」

01:06

都市伝説・考察系YouTuber **ウマヅラビデオ**が語るベストワン

大ヒットドラマ『イカゲーム』が警鐘する、貧困層をこの世から消す恐怖の「優生思想」

Netflix配信『イカゲーム』

ウマヅラビデオ●うまづらびでお
2011年にウマヅラ(左)がYouTuberとして活動開始。2016年にべーこん(右)、2017年に否メンディー(後ろ)が加入し、3人組体制となる。2018年から都市市伝や怖い話などを取り上げるようになり、チャンネル登録者数が急増。2019年12月には登録数100万人を達成した。自由奔放にボケまくる否メンディーに、某・都市伝説タレントに扮して解説とボケを担当するべーこん、そして2人に切れ味鋭く突っ込む“キューティクル全開”なウマヅラ、という3人のバランスが絶妙な、いま最も勢いのあるYouTuber。2022年3月時点でのチャンネル登録者数は約131万人。

撮影●谷本恵

『イカゲーム』を生んだ韓国の大格差社会

２０２１年、韓国のサバイバルドラマ『イカゲーム』が世界中で大ヒットしました。

これは、多重債務者たちが多額の賞金を手に入れるため、子どもの遊びをモチーフにしたデスゲームに命を賭けて参加するというドラマです。『イカゲーム』の監督自身の貧困体験に加え、『バトル・ロワイアル』『ＬＩＡＲ ＧＡＭＥ』『賭博黙示録カイジ』など日本の漫画の影響も受けたとされています。

なぜ『イカゲーム』が大ヒットしたのか。

このドラマでは、韓国における富裕層と貧困層の格差社会が如実に描かれています。韓国では現実社会も本当にデスゲームのようで、勝ち組の富裕層は安泰な生活を送れますが、負け組の貧困層は死を選ばざるを得ない状況に陥る可能性も高いのです。

韓国は人口10万人当たりの自殺者数がとても多く、ＯＥＣＤ（経済協力開発機構）加盟国のなかでトップ。

過酷な超学歴社会の韓国で暮らせない若者は、

『イカゲーム』は、借金で首の回らなくなった者が「プレイヤー」として死のゲームに参加し、クリアできなければ黒い全頭仮面を着用した「運営スタッフ」に即座に射殺される

海外へ逃れてなんとか生き延びている人が多いのが現実です。韓国のエンタメは世界市場にも受け入れられてすごく勢いがありますが、その反面、人気者である期間はとても短く、一昔前のアイドルが今はウーバーイーツの配達員などをしており、芸能人のセカンドキャリアもかなり厳しいようです。

『イカゲーム』が生まれた背景には、韓国のそんな大格差社会があるのです。

新型コロナで大富豪の資産は７０００億ドルから１・５兆ドルに

貧困には「絶対的貧困」と「相対的貧困」の２種類があります。

絶対的貧困とは、そもそも生物的に生きていくのが難しい状況で、食べ物が少なかったり、溜め池の汚染された茶色の水を飲んだりしないと生きていけないようなことです。アフリカ、中東などの紛争地域に現在でも存在しています。

対して相対的貧困とは、その国の生活水準に満たない貧困のことを指します。韓国、日本、アメリカといった格差の大きい国にとても多い貧困です。

努力すれば成功して貧困から抜け出せると思っている人もいるでしょう。ですが、実は努力も才能で決まってしまいます。努力できる遺伝子、努力できない遺伝子があるからです。だから、そもそも頑張ることすらできない人も多いのです。そのため格差がどんどん広がっていきます。

さらに新型コロナウイルスの影響で、世界人口の99%の収入が下がったようです。そのため、新たに貧困層に１億６０００万人以上が加わりました。それとは逆に、世界の大富豪10人の資産が７０００億ドルから１・５兆ドルに増えました。

韓国の格差社会を描いた映画『パラサイト 半地下の家族』

1・5兆ドルというのは、世界の貧困層31億人の合計資産を6倍したのと同じです。それをたった10人の大富豪が所有しているわけです。大格差社会は資本主義システムの限界というか、そうしたシステムをつくった人たちの陰謀の結果だろうと思います。

人類の「生殖能力の喪失」と「メタバース」によるデジタル管理

韓国では、貧困層は半地下に住んでいることが多いのです。それを描いた映画『パラサイト 半地下の家族』もそうですが、格差社会を描いたエンタメが流行っています。今後のエンタメは、そうした国民の同情を煽るかのような作品が、韓国にかぎらず世界でどんどん増えてくるでしょう。

エンタメの世界では、例えばゲイタレントの露出が増えるなどジェンダーレスが広がり、男

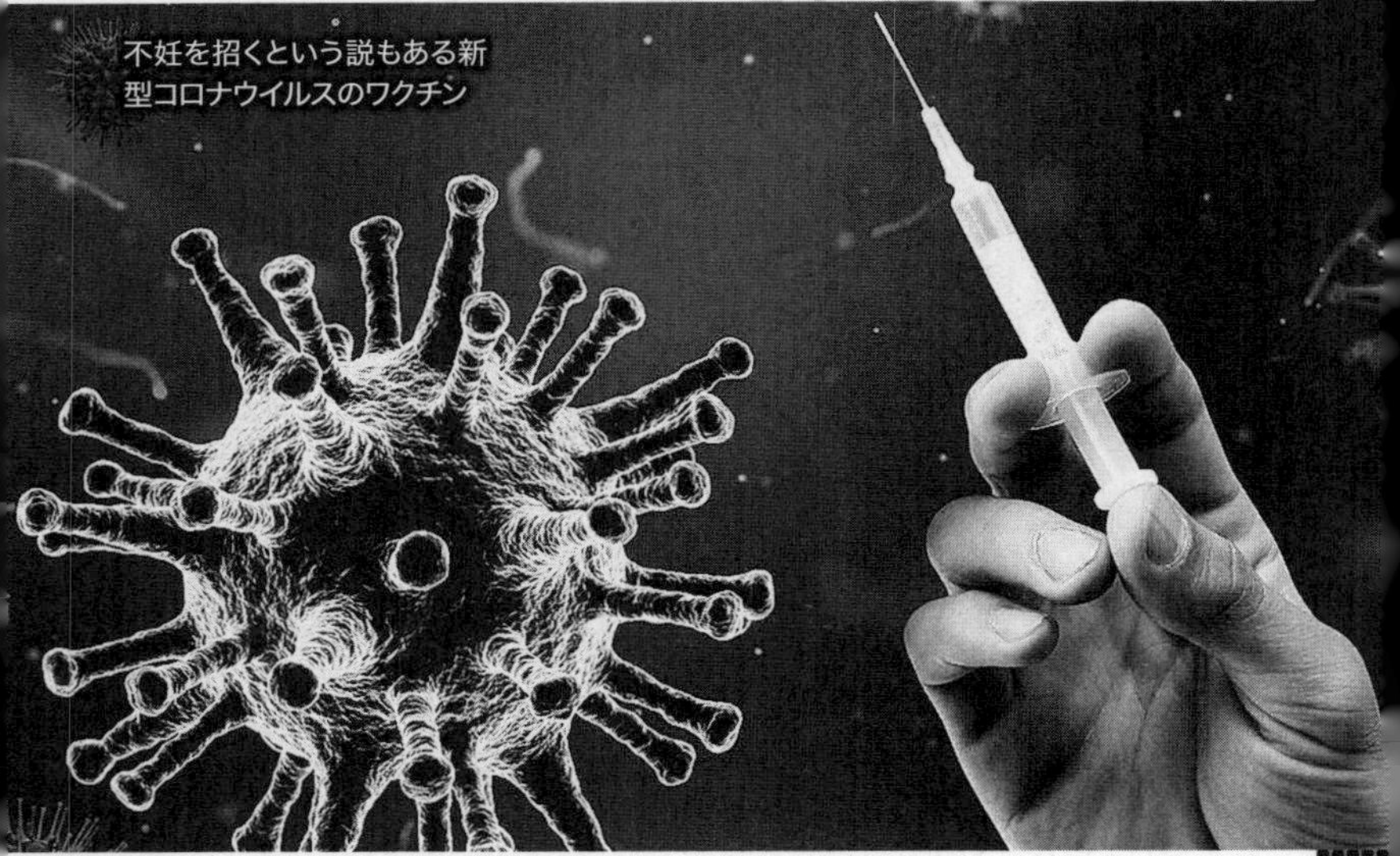
不妊を招くという説もある新型コロナウイルスのワクチン

性か女性か性別がわからない、本来なら陰と陽の関係にあるべきもののバランスが世界的に崩れている感じがします。

我々はジェンダーレスそのものを決して否定しませんが、そうしたところに悪魔がつけ込んでいるという印象です。日本でも少子高齢化が問題化しており、子どもの出生率は戦後最悪です。

なぜそうなったのでしょうか。食品添加物や新型コロナウイルスのワクチンなどで不妊化させられているからです。

簡単にいえば「生殖能力の喪失」ですが、その思想のもとになったのが「キュベレー崇拝」です。キュベレーとは古代ギリシア、古代ローマで信仰が広がった大地母神のことで、そのキュベレーの血族を名乗っているのがロスチャイルド一族です。

そんな彼らが進めているのが「メタバース」

悪魔の血族ニムロデのシンボル「X」が含まれているとされるメタ社のロゴマーク

です。人口削減を目的に、人間の意識をＶＲに閉じ込めてデータ化する。ＶＲで管理すれば、世界の人間をひとり残らずデジタルで監視できるというわけです。

メタ社（旧フェイスブック）のロゴマークに、悪魔の血族ニムロデのシンボル「Ｘ」が使われていることからも、そうした陰謀が見てとれます。

エンタメ、ワクチンなどを通じて徐々に不妊化させられて生殖能力を失い、残った人間だけがＶＲで管理される。そこに向けた布石は、これからも世界中で顕著になっていくと思います。

貧富の格差を広げ貧困層を殺す大格差社会

経済格差が生じる背景には「貧困層の人間をこの世から消したい」という意図があります。

著名なシンクタンク、ローマクラブの創始者アウレリオ・ペッチェイという人物は貧困層のことを「無駄飯食い」と称して、人口を25億人まで減らす必要があると自身の著書で語っています。

またＳＤＧｓ（持続可能な開発目標）には、目標の第一に「あらゆる場所のあらゆる形態の貧困を終わらせる」とあります。これは全員が貧困から脱却するというよりも、貧困層をこの世から消すというふうに捉えることもできます。

貧富の格差を広げ、貧困層を殺す。そんな大格差社会の現実化が、『イカゲーム』という作品にも表れているわけです。その根本には、優れた人間だけを残す「優生思想」が間違いなくあります。

人口を減らしたいロスチャイルド一族とその仲間たちは、資源の枯渇や環境破壊を恐れています。それが人口削減をする理由です。

環境保全のためには、人類をＶＲに閉じ込めればいい。寿命が尽き必要のなくなった肉体はどうなるかというと、樹木の下に埋められて自然の養分となります。彼らはそうした養分となる人々のことをゴイム（家畜）といっています。

「酒類、ドラッグ、退廃的道徳、あらゆる形態の悪徳を代理人を通じて組織的に利用することで、諸国家の若者の道徳心を低下させなければならない」といったことが、イルミナティができる3年前の１７７３年、ロスチャイルド一族によって作成された「世界革命行動計画」にも記されています。イルミナティは間違いなく、その計画のもとで動いています。

彼らは長期的に、何百年にも及ぶ計画を立てます。それは血族に脈々と受け継がれてやがては達成されるという考え方です。現在も着々と計画は進んでいます。

２０２５年、大阪万国博覧会で一気にメタバー

2025年の大阪万国博覧会で劇的に普及していくと予測されるメタバース

スが広まっていくでしょう。大阪万博は「サイバー万博」ともいわれており、電脳世界をより身近に感じてもらうというコンセプトのもと「電脳世界は素晴らしいものだ」と喧伝する博覧会になります。それが日本から始まるというのが象徴的です。

最終的には、人間が肉体、脳、空間、時間の制約から解放された社会を実現する「ムーンショット計画」に行き着きます。日本は2050年にムーンショット達成を掲げています。この計画の裏にはユダヤ人の存在があります。かつて平安時代の日本には「秦氏《はたうじ》」と呼ばれる存在がいました。秦氏はもともとイスラエルを追われてきたユダヤ人といわれており、彼らは日本に平安京、イスラエルでいうところのエルサレムをつくりました。東のエルサレムからメタバース革命が始まる。本当にすごいシナリオが動いているのです。

都市伝説・考察系YouTuber コミックパンダが語るベストワン

ネット発の怪談系都市伝説『裏S区』が最恐といわれる理由

コミックパンダ●こみっくぱんだ

都市伝説、有名な心霊スポットやネットホラーを中心に様々な作家さまとコラボレーションして、ホラー漫画を全世界に配信中。視聴者の体験談をもとにオリジナルのホラー漫画も制作。動画は毎週、水・金・日曜日の18:00に新作が公開される。登録者数は21.9万人(2022年3月現在)。唯一の癒やし、チャンネルマスコットのパンダくんも動画に隠れて登場!

ただの創作ではないと思わせるリアリティ

ネット上では日々、身の毛もよだつ恐ろしい都市伝説が語られている。そのなかでも、「2ちゃんねる」（現・5ちゃんねる）のオカルト板に設置された「死ぬほど洒落にならない怖い話を集めてみない？」というスレッド、通称「洒落怖《しゃれこわ》」が生み出してきた迫真の筆致のホラーストーリーは、ネット上における怪談系都市伝説の代名詞といえるだろう。

例えば、片田舎に住む語り手と友人たちが森の奥にある立ち入り禁止の区域に侵入すると、上半身は腕が6本ある人間の女性の姿、下半身は蛇の姿をした化け物に遭遇する「姦姦蛇螺《かんかんだら》」――。

あるいは、夏休みを利用して海沿いの民宿でアルバイトをすることになった語り手と友人たちが、現在は使われていない民宿の2階に足を踏み入れてしまったことから、もののけに取り憑かれ、さらには生きた人間の業の深さや哀しみが生み出す恐怖の体験をすることになる「リゾートバイト」――。

いずれも「洒落怖」を代表する有名な怪談系都市伝説であり、うまくできたホラーストーリーだ。

しかし、これらの都市伝説が恐ろしい話ではあるものの、一読して創作だとわかる内容となっているのも事実だろう。立ち入り禁止区域で人外の化け物に遭遇したと聞かされても、それを真に受けて「本当にあった話」だと信じる人は少ないはずである。

また、「姦姦蛇螺」や「リゾートバイト」には、その出来事が起きた地域を読み手が想像するための材料がほとんどない。はっきりと地名を示さなくても、ヒントがあれば誰かが考察を加えて地域を特定することが可能だが、まったくの架空の土地が舞台では「リアリティのある怖さ」とはいえない。

逆にいうと、モデルとなった地域がある程度わかれば、読み手が「これは投稿者が実際に体験した本当の話なのではないか?」と感じ、その都市伝説はより現実的で恐ろしいものとなるわけだ。

そういう意味において、「姦姦蛇螺」や「リゾートバイト」とはまた違う身近な怖さがあるのが「裏S区」という都市伝説だろう。やはり「洒落怖」を代表するホラーのひとつなのだが、その題名からもわかるように、「裏S区」はすでに名前そのものがモデルとなった地域を探るヒントとなっている。そのため、ネット上では以前から「裏S区」をめぐるさまざまな考察が行われているのである。

有力視される北九州市説 「裏S区」は実在した?

まず「裏S区」の内容をざっと説明しよう。

語り手の投稿者が住んでいるのは九州の「S区」という地域で、高校1年生のある日、S区から山を越えたところにある「裏S区」に住む仲のよい友人Aから突然、殴る蹴るの暴行を受けるようになった。理由を聞いてもAは何も答えようとせず、なぜか笑いながら、投稿者を毎日殴り続けるのである。

ところが、しばらくしてAがいきなり学校に来なくなり、暴行されていた側の投稿者がAに対するいじめを教師から疑われるようになった。憤った投稿者は登校拒否をするのだが、その間に彼は自宅のマンションでなんとも恐ろしい体験をする。

その後、投稿者は学校で郷土史を教えるAの叔父のBと出会い、裏S区に隠された秘密を知ることになるのだ。叔父のBが語るところによれば、裏S区は地域そのものが「霊の通り道」となっており、そこに住む人々のほとんどが「霊能力」を備えているという。

裏S区の住民は悪霊を見ると「笑う」ことでお祓いをし、ときには取り憑かれた人に暴力を振るうという。つまり、Aが笑いながら殴ったのは、投稿者に憑いた悪霊を追い払うためだったわけだ。そして、最終的にAは自殺してしまい、叔父のBは投稿者に憑いた恐ろしい悪霊の正体を明かすのである――。

これが「裏S区」のごく簡単なあらすじだ。それでは「裏S区」とは一体どこにあるのか？

ネット上の考察をまとめると以下のような結論となる。

九州で「区」という単位で地域を区分しているのは、福岡市、北九州市、熊本市の3つしかない。このうち頭文字に「S」が付くのは福岡市の早良《さわら》区のみ。しかし、早良区は同市の西区から１９８２年に分区した地域で、「裏早良区」と呼ばれた歴史は存在しない。そこで浮上してくるのが北九州市の門司《もじ》区である。

門司区には港湾開発で埋め立てられた土地につくった「新門司」という頭文字に「S」がつく地域があり、新門司は「門司港の裏」という意味から、かつて「裏門司」と呼ばれていた歴史がある。地域周辺の高齢者には、いまだに新門司を裏門司と呼ぶ人がいるという。

また、郷土史家の麹谷良三郎氏が40年以上前に記した『裏門司地方の「方言集め」』という本によれば、新門司は約５００年前に岡山から来た漁師が定住したことに始まり、彼らが使う方言に「ナメラスジ」というものがあったという。「ナメラスジ」とは「縄筋《なわすじ》」のことで、日本の民間信仰では「悪魔や化け物が通る道」を意味する。

さらに、麹谷氏の『故里のことども』という本によると、新門司には「他者の死や病に関する予知能力を持つ家系」が存在したという。この異能の家系は、おそらく日本の農村で古くから差別の対象となってきた「憑きもの筋」のことだと思われる。

かつて門司区の新門司が「裏門司」と呼ばれていた事実、同地で使われていた方言が「悪魔や化け物が通る道」を意味する点、そして「憑きもの筋」の家系の記録……。これらはあくまでネット上の考察にすぎないが、「裏S区」は門司区の「裏門司」をモデルにした可能性が高いと思われるのだ。

本当の恐怖とは人が豹変していく怖さ

しかし、「裏S区」が実在するかどうかということ以上に私が恐怖を感じるのは、むしろ「裏S区」の住民が悪霊を追い払う際に「笑う」ことにある。

怪談系都市伝説には「お祓いの儀式」というものがよく出てくる。例えば、前述の「姦姦蛇螺」では、化け物である姦姦蛇螺を封じ込める儀式が重要な要素となっており、「リゾートバイト」も呪いを解除する儀式を「おんどう」という特殊な結界を張った寺で行う。つまり、怪談系都市伝説では、片田舎に伝わる禁忌の儀式、神社や寺による特殊なお祓いの儀式といったものが定番となっているのだ。

ところが、「裏S区」には大仰な儀式などまったく出てこない。そこで行われるのは、悪霊が取り憑いた人に裏S区の住人が「笑う」ことだけなのである。

例えば、自殺してしまったAの葬式では、親戚と思われる人たちが「ははははは」「ひひひひ」と笑い、その数日後に投稿者の自宅を訪れた叔父のBは、玄関を出た直後に「あははは」「ひひひひ……」と不気味な笑い声を上げながら帰っていく。先ほどまで投稿者の家族と普通に会話していたにもかかわらず。

「裏S区」にはスピンオフもある。ある人が仕事で九州のど田舎に転勤したら、バスの車内で別の席に座った数人がいっせいにケタケタ笑い始めたという（画像は「コミックパンダ」チャンネルより）

つまり、「裏S区」の本当の怖さとは、「人が豹変していく怖さ」なのだ。叔父のBがまとうある種の狂気、豹変していく様子は、サイコロジカルホラー映画の名作『シャイニング』でジャック・ニコルソンが演じた主人公のジャックが狂っていく様に近いものがある。

もし電車やバスで近くに座った男が突然笑い始めたら、周囲の人はどう感じるだろうか。間違いなく「怖い」と思うはずだ。本当に恐ろしい都市伝説には、化け物や儀式は必ずしも必要ないのである。

都市伝説・考察系YouTuber おみそちゃんねるが語るベストワン

〝世界の歌姫〟テイラー・スウィフトは悪魔崇拝主義者の「クローン人間」

おみそちゃんねる

オカルトや世界の闇、スピリチュアルネタを深掘る不思議考察系チャンネル。本アカウントのほか、TwitterやLIVE配信用のサブチャンネルなど、SNSの総フォロワー数は11万人超。伝わらなすぎる隠語と軽妙な語り口で陰謀業界をふざけながら邁進中。世界の「どん深闇」に迫りたいお年頃でYouTubeは毎日17時頃に更新。ラジオDJ、講演、執筆業にも注力する。好きなジャニーズは増田貴久。

女性歌手で唯一、グラミー賞最優秀アルバム賞を3回受賞

音楽業界で目覚ましい業績をあげたクリエイターやアーティストに贈られる世界最高峰の音楽賞「グラミー賞」で、女性歌手では誰もなし得ていない最優秀アルバム賞を３回受賞するなど、今や世界で〝最も影響力のある歌姫〟とされるテイラー・スウィフト。彼女にはここ数年、いくつかの根拠とともに悪魔崇拝主義者のクローン人間疑惑が根強く囁かれています。

そもそもこの世にクローン人間なんて、いるのか？　と聞かれれば、「います」としか答えようがありません。クローン技術を誕生させたのは実質、世界を支配している英国王室といわれていますが、イギリスのどこかにはクローン農場があり、そこで生まれ、そこから帰還した外国人男性のレポートも残っています。彼の証言によれば、クローン農場にはＳＦ映画に出てくるような試験管がずらりと並んでいたといいます。

では、テイラー・スウィフトは誰のクローン人間なのか？　というと、１９６６年にアメリカで誕生した「悪魔教会」の設立者アントン・ラヴェイの娘で、二代目教皇（１９８５〜１９９０年）を務めたジーナ・ラヴェイ（ジーナ・シュレック）のクローン人間だといわれているのです。芸術家・ミュージシャンでもあるジーナは現在58歳ですが、ネットにも上がっているテイラー・スウィフトと若い頃のジーナを並べた写真を見比べると、その酷似ぶりに誰もが驚くでしょう。

悪魔教会は設立者の娘であるジーナを教皇にして、さらに悪魔教を広めようとしていました

がジーナは途中でやる気をなくしまい、現在はチベット密教の信仰者になっています。しかし、〝闇の者たち〟や教会側はジーナの純粋な遺伝子をなんとか残したいと考えた。そしてジーナの細胞から生み出されたクローン人間が、テイラー・スウィフトだというのです。受精卵には父親と母親、両方の遺伝情報が含まれていますが、無性生殖によって生まれるクローン人間の場合は、細胞を提供した人間とまったく同じ遺伝子を持つため「コピー」といえる存在となるのです。

この話をすると必ず、「いや、ジーナはまだ生きているじゃないか」と言う人がいますが、それは関係ありません。というのも、クローン人間は本体が死ななくてはつくれないわけではなく、同じものをつくる（コピーする）だけだからです。

ビートルズ、M・ジャクソンも〝闇の者たち〟の広告塔だった!?

ここでいう〝闇の者たち〟とは、「イルミナティ」に代表される悪魔崇拝で知られる支配者層を指していますが、陰謀論の世界では、多くのセレブがイルミナティのプロパガンダのために利用されているという話は定説です。人類の支配者層であるイルミナティは各国の政治、経済、さらにはマスコミにまで浸食し、裏で操っているといわれます。そして、彼らは自分たちの理想とする世界を実現するために、ショービズ界においてミュージシャンを広告塔として彼らの思想を布教するということをよくやるのです。古くはビートルズに始まり、マイケル・ジャクソンなども闇側の広告塔だったとされています。ビートルズもマイケル・ジャクソンも、

テイラーとジーナ・ラヴェイ（右）。テイラーは、たしかにハンドサインや意味ありげな片目ポーズなどをよくやる

ある時期にバーンと売れて世界的なアーティストになっていきましたが、このようなパターンは、実は最初から闇側に仕組まれているケースが多いのです。

テイラー・スウィフトの場合も同様で、彼女はもともとカントリーミュージシャンでデビューまではかなり苦労していました。紆余《うよ》曲折の末、ファーストアルバムをリリースした2006年を境に一気に世に出ていくわけですが、これは彼女が世界に見つけられたわけではなく、闇側が本気を出したから。つまり、闇側のシナリオどおりの展開なのです。

テイラー・スウィフト本人に闇側の広告塔の自覚があるかといえば、私は完全にあると思っています。彼女は自身のミュージックビデオ（MV）のなかに、三角形や目などに代表されるシンボリックな悪魔サインをよく出していま

写真は2019年のテイラー。2006年のデビュー時と、路線変更による爆売れ後ではガラリと雰囲気が変わった

す。これは仲間たちに対するサインであり、そうすることで仲間意識を高めています。わかる人はわかるし、同時に知らない人に対しては洗脳もしているわけです。

見てもらうと納得できると思いますが、とくに「Look What You Made Me Do」という曲のMVなどはモロで、このなかで彼女が演じているといわれる堕天使ルシファーは、イルミナティが崇拝していることでも知られています。これらのことから彼女は確信犯ではないかと思います。

すべてを「暴露」しようとした？ ジョン・レノンの不可解な死

ビートルズやマイケル・ジャクソン、そしてテイラー・スウィフトは、ある意味では闇側に白羽の矢を立てられた「選ばれし者」でもありますが、広告塔でいることに耐えられなくなった場合は、消えていく運命にあります。消えるというのは、芸能活動の終焉《しゅうえん》だけでなく、命を落とすことも含まれます。ジョン・レノンは40歳の時に自宅アパート前でファンを名乗る男に銃で撃たれ、この世を去りました。この不可解な死は、晩年のジョンが闇の者たちに利用されていることを暴露しようとしていたから消された、といわれているのです。

ちなみに、社会現象にもなったビートルズの日本公演（１９６６年）で、前座を務めたのがザ・ドリフターズだったことは有名な話ですが、ドリフのメンバーもイルミナティと噂されています。だからこそ、ビートルズの前座も務められたし、私が思うに、志村けんさんが２０２０年に新型コロナが原因で唐突に亡くなったのも、このことが間違いなく関係しているのではないかと。志村さんは闇側にとって不都合な存在になっていたのかもしれません。

日本の芸能界にもクローンは存在しています。ドリフつながりでは、若手実力派俳優として人気のS・Mは加藤茶のクローンだといわれています。また、意外なところでは、お笑いコンビ「S」のT・Sがマーク・ザッカーバーグのクローンで、ロスチャイルド系組織の日本支部メンバーとして活動しているという噂があります。失礼ながらTさんって、それほど際立った何かがあるわけじゃないのに、芸能界で結構いいポジションを築いていますよね。不思議に思うのは私だけでしょうか？

これを読んだみなさんがどう感じようと、この地球上にはクローン人間が確実に存在しているのです。

都市伝説・考察系YouTuber 白犀《びゃくさい》が語るベストワン

『話を聞いた人は3日以内に死ぬ』——恐怖怪談『牛の首』禁断のストーリーとは？

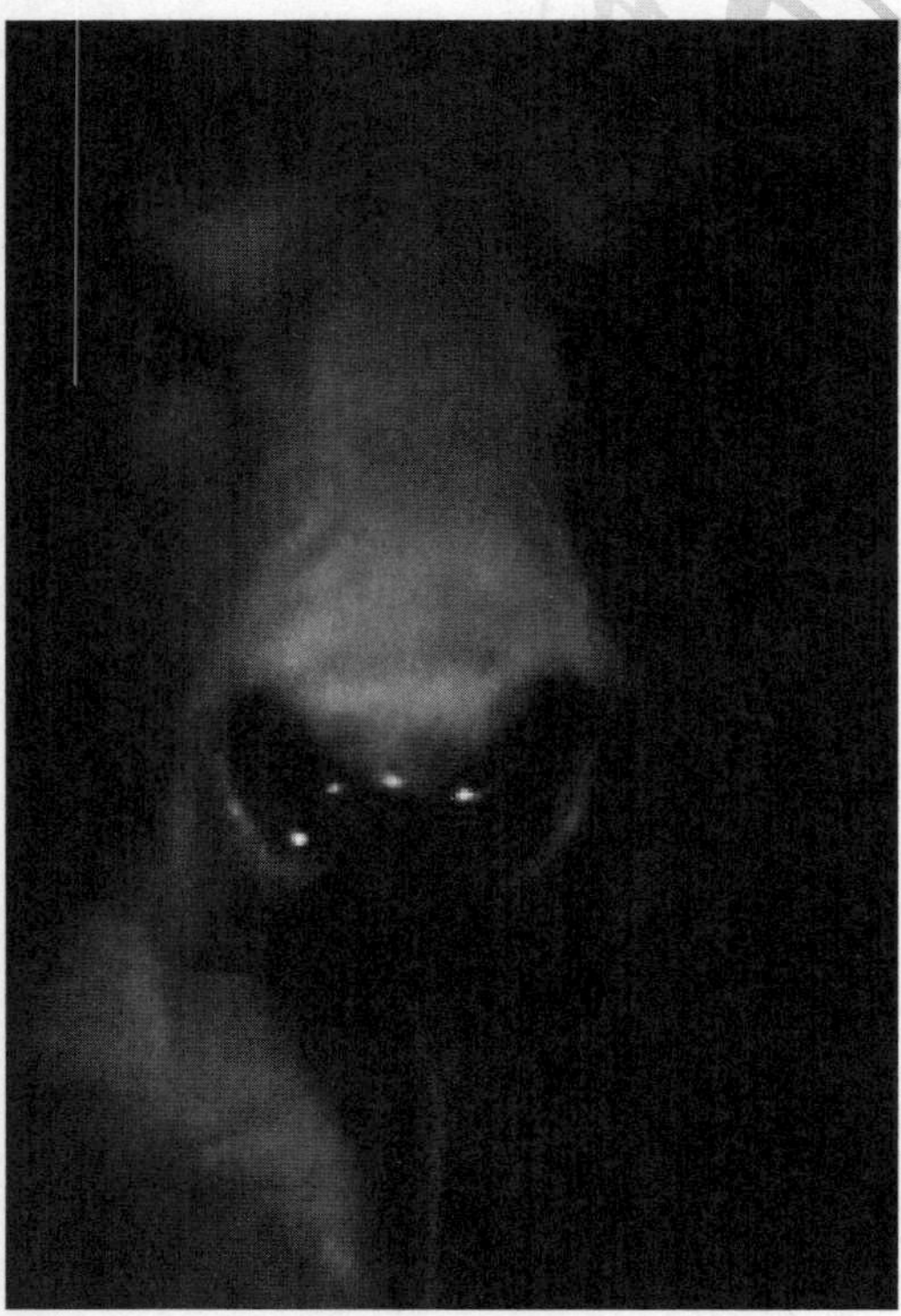

白犀●びゃくさい
2013年より、オカルトや怪談を中心に様々なジャンルの朗読系の動画を投稿している。落ち着いたトーンの朗読は聞き取りやすく、なかでも「朗読BGMシリーズ」はファンも多い。基礎心理カウンセラーの有資格者であり、犯罪心理学にも造詣が深い。人間心理を重視したミステリー小説を自ら著し、書籍として販売も行っている。2021年7月時点でのチャンネル登録者数は1.94万人。

語

1965年に小松左京が短編小説の形で紹介した「牛の首」

「最も怖い都市伝説は何か？」と聞かれたら、どんな話が浮かぶだろうか。「八尺様」や「コトリバコ」など、怖い話はいくつもあるが〝怖さのツボ〟は人それぞれ。「どれが一番か？」を決めるのはかなり難しいだろう。

だが「聞いたら死ぬ」となれば、話は別だ。「死」の前には「怖い」や「怖くない」など、些細《ささい》な差でしかないからだ。そして、そんな「聞いたら死ぬ話」のなかで、とくに有名なものがある。それが今回ご紹介する「牛の首」だ。「牛の首」とはどんな話か。大まかなあらすじを紹介しよう。

——あるところに、怖い話を好む男がいた。彼は「牛の首」という怪談の噂を耳にするが、誰に聞いても「あんな恐ろしい話は聞いたことがない」と、はぐらかされてしまう。

そのうち、ある人から「話した者は不幸に見舞われ、聞いた者は3日以内に死ぬ」とも聞き、ますます興味を募らせていくのだった。

そんな折、「牛の首」を広めた大元が、あるミステリー作家だと発覚する。男はさっそく、その小説家を訪ねるが、彼は「今日は忙しいから明日また来てほしい」と言う。仕方がないので翌日に改めて出直すが、なんと小説家は海外旅行へ発《た》ってしまっていた。男はまたもや「牛の首」を聞きそびれてしまう。

こういった紆余曲折の末、ついに男は「牛の首」の真実を知ることとなる。実は「牛の首」とは「内容を誰も知らない怪談」だったのだ。

タイトルのほかは「とても恐ろしい」というあいまいな情報だけで、肝心の中身はない。つ

小松左京の短編「牛の首」の初出は『サンケイスポーツ』(1965年)。その後、『小松左京ショートショート全集』(1995年)などにも再録された

まり「牛の首」という怪談は「多くの人から伝え聞く、形のない恐怖そのもの」だったのだ。

結局、男は拍子抜けとも思える真相を知りつつも、これまでの大勢と同じく「牛の首」をさらに広めていくのであった――。

これは、小松左京が1965年に執筆した小説の要約だが、よく知られる「牛の首」のオリジナルともいえる話だ。しかし、もっと興味深いのは、小松が「『牛の首』を創作したのは自分じゃない。もともと出版業界で広まっていた噂話だ」と語っている点である

つまり、小松左京が小説として世に出して半世紀が経った今でも、「牛の首」の真の作者や、ルーツは謎に包まれたままなのだ。

果たして「牛の首」は誰が、どんな目的で創ったのか。そのあたりを考察していこう。

ストーリーが存在しない怪談 「話の中身」が当初は存在した?

「牛の首」は、「内容がない都市伝説」だ。だが、それならなぜ「聞いた者は3日以内に死ぬ」という設定をわざわざつけたのか。

「内容がないこと」を担保するためだと推測できるが(内容を話せない理由になる)、やはり「当初は話者がいて、ストーリーを誰かに話していた」と考えるのが自然だろう。

話の内容があればこそ、「話を聞いたら死ぬ」というロジックも成立する。もしかしたら「牛の首」がつくられた当初、聞いた人が実際に死んでしまったケースもあったのかもしれない。

しかし、当初の「牛の首」に内容があったとして、「聞いただけで人が死ぬ怪談」を意図的につくることはできるのか。話を聞いただけで人が死ぬことなどあり得るのか。

手段としてはいくつか挙げられるが、可能性としてもっとも高いのは「呪詛《じゅそ》」だろう。

古来より、人間が発する言葉には霊的エネルギーが宿っているとされ、それらは「言霊《ことだま》」と呼ばれている。そして、その言霊のなかでも「呪い」に特化したものが呪詛なのだ。呪詛は、誰かを呪う際に口頭で発したり、呪符に記したりすることで、ターゲットに呪いの効果を付与できる。「牛の首」の話に呪詛を仕込めれば、聞いた相手を呪い殺すことも可能だろう。

具体的な方法は、まず「牛の首」のストーリーをつくる際、文中に呪詛となるワードを盛り込んでおく。文章そのものに呪詛の念を封じるのもいいだろう。このとき大切なのは、「聞いた者は3日以内に死ぬ」など具体的な指示も盛り込んでおくと、いざ呪いが発動した際、その効果を期待できる。

「牛の首」が当初、こういった呪詛を盛り込んで話の内容がつくられ広まっていったとすると、かなりの人数が犠牲になったと推察できる。そして現在、その恐ろしい内容は消失してしまっているが、ひょっとしたらそれも予《あらかじ》め「一定の人数を殺したら人々の記憶から話の記憶を消す」というような、何か条件つきの呪詛などが仕込まれていたのかもしれない。

「牛の首」に「内容がない」という事実は、一見しただけではわからない、何か複雑な事情が潜んでいると見て間違いないだろう。

「殺牛祭祀」の風習を呪術的な力で模したものか？

そもそも「牛の首」はなぜ、こんなタイトルなのだろうか。家畜であれば、馬や山羊《やぎ》、ニワトリや豚など他にもたくさんいる。それら多くの選択肢から、なぜ「牛の首」の作者は、わざわざ「牛」を選んだのか。実は、そこにこそ「牛の首」という都市伝説のルーツであり、本質が隠されているのだ。

古来より、日本を含めた東アジア圏では、雨乞いなどの儀式の際、神への供物として「牛の首」を捧げる風習があった。その儀式は「殺牛祭祀《さいし》」と呼ばれ、日本でも飛鳥《あすか》時代には始まっており、近代まで続けられてきた。

その儀式で「牛」が選ばれたのは、当時は、牛が農耕の生産性を上げるため、最も重要な動物だったからだ。神に人知を超えた依頼をするには、代償としてかけがえのないものを捧げる必要がある。その最上位の存在が「牛」であり「牛の首」なのだ。

そして、都市伝説の「牛の首」は、そういった「殺牛祭祀」の風習を、呪術的な力でそのまま模倣したものだとも考えられる。この場合、神への供物は「都市伝説『牛の首』という概念」そのものであり、「牛の首」の話し手や、聞き手も含まれるだろう。

おそらくこの呪術は、人々が「牛の首」という都市伝説に興味を持ち、見聞きすることで呪力が増大する設計になっているはずだ。人から人に「牛の首」が伝えられ、多くの人間がつながることで、その力を増していく。「牛の首」

日本での殺牛祭祀は主に水辺で実施された。その痕跡は牛首川、牛首谷などの地名に残っている

の創作者は、そうして増大した力をそっくり神に捧げることで、何かとてつもなく大きな願いを叶えようとしているのである。

その場合、「牛の首」は何十年、何百年か後まで脈々と語り継がれていく、本当の意味での「伝説」になるだろう。今後もさらに、多くの人々を魅了し続けていくに違いない。

さて、ここまで見てきたとおり「牛の首」は、都市伝説のなかでも、かなり異質な存在だ。内容がないからこそ、話を創作したり、考察を深めたりと、さまざまな楽しみ方ができる。都市伝説でありながら、別種のエンタメでもある、不思議な魅力を持っているのだ。

もし興味が湧いた方がいたら、新しい「牛の首」をつくってみてはどうだろうか。もしかしたらそれが次世代の「牛の首」として定着し、新たなファンを獲得するかもしれない。

ニール・ヤングが『スポティファイ』から"全曲削除"完全撤退の裏事情

「反ワクチン」番組に激怒の大物歌手にキナ臭い噂が……

スポティファイ独占配信のポッドキャスト番組に抗議

スウェーデン発の世界的な音楽配信サービス「スポティファイ」で、大物ミュージシャンのニール・ヤングによるボイコット騒動が起きた。同サービスのポッドキャスト番組（音声番組）が「反ワクチン」情報を垂れ流しにしているとし、それに反発したものだ。だが、ヤングの言動をめぐって新たな陰謀説が生まれるなど混沌とした状況になっている。

騒動の発端となったのは、スポティファイでポッドキャスト番組が独占配信されている米国の人気ポッドキャスター、ジョー・ローガンの発言だ。

ローガンは新型コロナワクチンの接種に否定的で、アメリカの一部セレブたちはワクチンを接種せず、医師から本来は寄生虫の駆虫薬として使われている「イベルメクチン」を治療薬として処方されていると主張。さらに、ワクチンの効果を信じるのは「集団催眠や精神病状態の

文／佐藤勇馬

せい」だとまで訴えた。

ファイザーの関連会社がヤングの音楽出版権を所有!?

これに猛反発したのがヤングだった。ヤングは「ローガンかヤングか、どちらかだ。両方はない」とスポティファイの運営会社に通達し、ローガンの番組を終了させるか、自分の楽曲配信を差し止めるかの選択を迫った。

スポティファイは騒動の影響を謝罪しつつも、ローガンの番組の継続を決定。ヤングは2022年1月にスポティファイに自身の全楽曲を削除させて完全撤退し、それにグラハム・ナッシュやジョニ・ミッチェルら著名ミュージシャンが追随した。

利益を度外視して「ワクチン誤情報」を駆逐しようとするヤングの行動に称賛の声が集まったが、事態はそう単純ではないようだ。

ボイコット騒動後、製薬会社ファイザーの関連会社がヤングの音楽出版権を所有していると一部で指摘され、ワクチンメーカーとの深い関係が取り沙汰されたのである。もしもワクチンメーカーと利害関係がある立場なのだとしたら、ヤングの言動を手放しでそのまま受け止めることはできないかもしれない。

ヤングはこの疑惑について「巧妙だが、間違っている」と否定しているが、新たな局面に突入した騒動は収まる気配がない状況だ。

76歳の現在でも社会的活動に積極的なニール・ヤング

人気芸能人の恥部を告発暴露 〝令和の爆弾男〟の正体とは？

城田優、綾野剛、佐藤健、山田孝之……芸能界が戦々恐々

文／佐藤勇馬

アパレル会社元社長が関係を断った芸能人に「報復」

２０２２年２月、YouTubeに突如として現れた「爆弾男」に芸能界が震撼《しんかん》中だ。

アパレル会社経営者として多くの芸能人と交流を持ち、ときには女性を紹介したり、ホテルを手配したりといったことまでしていたという東谷義和氏が、これまでかかわってきた著名タレントたちの恥部を暴露し始めたのである。

東谷氏は、２０２０年のコロナ自粛期間中に俳優の山田孝之や新田真剣佑が女性連れで沖縄バカンスを楽しんでいたことが問題視された際、旅行を手配したうえで同行していた「ファッションブランド社長Ｘ氏」として週刊誌などで注目された人物。しかし、「ＢＴＳに会わせてあげる」などと持ちかけて女性から金をだまし取ったとされる詐欺事件への関与を疑われたことをきっかけに「すべてを失った」とし、掌を返したように関係を断ったタレントたちへの「報

復」を宣言したのだ。

2月下旬には、俳優の城田優が新田真剣佑と交際中だった女優・大原櫻子を「寝取っていた」と暴露。城田は大原が新田の恋人であると知らずに肉体関係を持ったとし、大原の浮気だったことが示唆された。

大原の事務所は「ある配信者がYouTubeにおいて、大原櫻子が特定の男性と交際中に別の男性と関係を持ったかのような発言をしておりますが、全くの事実無根です」と声明を発表し、法的措置を取る意向を示したが、東谷氏はまったく怯まなかった。

芸能人の「夜の営み動画」を公開する可能性も

続いて、東谷氏は城田の「闇」を暴露。城田は投資詐欺事件で２０００万円ほど失った際、その筋の人間に頼んで犯人を確保したが、すでに金を使い果たしていたという。そこで城田は、犯人に新たな詐欺をさせ失った金を回収したというのだ。にわかには信じがたい話だが、もしこれが万が一にも事実なら、いわゆる「黒い交際」疑惑にも発展する特大のスキャンダルということになる。

東谷氏はほかにも佐藤健や綾野剛、山田孝之、ＯＮＥ ＯＫ ＲＯＣＫのＴａｋａら多くの著名タレントの「逸話」があると予告し、芸能人の「夜の営み動画」を公開する可能性もあるという。「令和の爆弾男」の報復は、果たして本当に本人の意思なのか、それともウラで操る黒幕がいるのか……。

東谷義和のガーシーch

地上波テレビで放送できない『うっせぇわ』Ａｄｏ初の顔出し番組

テレビの凋落で大手配信サービスが繰り広げるＡｄｏ争奪戦

ビッグイベントの中継は地上波テレビでは無理

地上波テレビとネットの広告費が逆転して久しい昨今のメディアシーン。スポンサーの減少によりテレビはメディアの王座から追われ、それに伴ってあまたのジャンルのコンテンツがネット動画配信の場に移行しつつある。スポーツでいえば２０２２年4月に行われるボクシング世界戦の村田諒太vsゴロフキンはAmazonプライムで異例の配信が決定。井上尚弥の世界戦も地上波ではなくＡＢＥＭＡなどでＰＰＶ（有料視聴）中継された。また、サッカーワールドカップは放映権料が高騰したことで地上波テレビは手が出せず、ＡＢＥＭＡが全試合中継の放映権を獲得。スポーツだけでなく、ドラマやバラエティの世界でも、潤沢な制作費で番組づくりができる現実がネットにはあるのだ。

そんなテレビ凋落《ちょうらく》の象徴的な噂が流れている。人気アーティストＡｄｏ初の顔出し番組が地上

文／金崎将敬

波ではなく配信サービスで実現するのではないか、というものだ。ボカロネイティブ世代のトップシンガーにして代表曲「うっせぇわ」のYouTube再生回数が2億回突破。メジャーデビュー以降、一度もその素顔を表に出していないＡｄｏ。初公開となれば目玉番組になるだろう。

Amazonプライムと Netflixが最有力候補

かつては紅白歌合戦がその舞台になり得たはずだが、テレビ関係者は肩を落として語る。

「Ａｄｏとネットの相性を考えれば地上波はないでしょうね。それに地上波はネット配信にはカネでもう勝てません。余計なＣＭが入り込まず、いつでもどこでも見られるという点や、クオリティ面でもネット配信に軍配が上がります」

真贋不明のAdoの素顔はすでにネット上で飛び交っており、初顔出しの話題性は高い

Ａｄｏ初の顔出し番組配信の最有力候補はAmazonプライムとNetflix。どちらも全世界配信可能で、Amazonプライムは『ザ・マスクド・シンガー』などの話題の音楽番組を配信し、Amazon Musicのプラットフォームもあることから音楽との親和性が高い。Netflixは解散前の嵐に密着したドキュメンタリー番組が話題を呼んだ。いずれにせよＡｄｏの初の顔出しを地上波で見ることはないだろう。

庵野秀明『シン・忠臣蔵』が衰退する時代劇の救世主に!?

国産『ゴジラ』を復活させた監督に時代劇界がラブコール

時代劇〝最後の切り札〟は庵野秀明の投入

映画やテレビの主役だった時代劇。その復活は庵野秀明の手腕にかかっている!?

かつては映画制作会社やテレビ局の威信をかけて撮影が行われていた時代劇。しかし、近年では内容が視聴者受けしないことや、制作費の高コスト問題もあって時代劇作品の数は著しく減っている。テレビ時代劇の代表作だった『水戸黄門』は１９６９年からＴＢＳで放送され、シリーズは43部まで数えたが２０１１年に終了。その後、ＴＢＳ-ＢＳで武田鉄矢主演の『水戸黄門』がシリーズ化されたが、現在地上波で時代劇がレギュラー放送されているのはＮＨＫ大河ドラマのみと寂しい現状である。

ＮＨＫ朝ドラ『カムカムエヴリバディ』は時代劇衰退がテーマのひとつになっており、90年代の時代劇の舞台裏を描いた作品だ。それから30年近く経った令和の日本で時代劇は衰退どこ

文／金崎将敬

ろか消滅の危機なのだ。なんとか若い世代に振り向いてもらおうと、時代劇特番にはジャニーズやEXILEの若手が配役されたり、NHKでは三谷幸喜の時代劇作品が定期的に放送されている。決して手をこまねいているわけではない。そんな時代劇〝最後の切り札〟が庵野秀明の投入だといわれている。

『シン・水戸黄門』に『シン・必殺仕事人』も

監督・庵野により、製作が途絶えていた国産『ゴジラ』シリーズが『シン・ゴジラ』として復活。同作の大ヒットを受けて庵野は『シン・ウルトラマン』『シン・仮面ライダー』と、かつての特撮ヒーローモノをよみがえらせることになった。

そこで関係者の間で急浮上しているのが、庵野秀明プロデュースによる年末大型時代劇。昭和の時代劇といえば、赤穂《あこう》浪士、つまり『シン・忠臣蔵』である。松の廊下の刃傷《にんじょう》や討ち入りを庵野はどう描くのか。

これがヒットすれば『シン・水戸黄門』『シン・必殺仕事人』の時代劇シリーズも現実味を帯びる。そう、時代劇を救うのは『シン・忠臣蔵』しか考えられないのだ。果たして、庵野は時代劇に討ち入るのか――。

妥協を許さないとされる庵野秀明が監督すれば、『シン・忠臣蔵』も驚異の名作となるだろう

底辺問題ジャーナリストが見た　都市伝説以上の〝異常〟現実❶

狂った家庭で〝メンヘラ・ヤリマン〟に……〝サイコパス呼び女〟の崩壊半生

文／中村淳彦

白玉あもさん（38）はアイドル、コンカフェ店主、プロメンヘラなどなど、たくさんの肩書きを持つ。「ヤリマン」を自称し、コロナ前には歌舞伎町のサイコパスに軟禁され、財産を奪われるトラブルに巻き込まれていた。彼女はどうして日々、災難だらけなのか？　歌舞伎町の喫茶店で本人に話を聞いた。

「イタリア人のハーフの男に監禁されました。最後は警察沙汰になって大変でした。彼もたぶんサイコパス。最後は逃げた。家まで追ってきて、消火器をドアの郵便受けから突っ込まれて、家の中が泡で全部ピンク色になっちゃった。めちゃめちゃでした。警察沙汰は何度目かだったので、『またあなたですか』ってお巡りさんに怒られました。イタリア人ハーフは署に連行されて、次やったら逮捕だって厳重注意でした」

イタリア人ハーフに監禁され毎日、洗脳セックス

白玉さんは結婚願望が強かった。ここ最近は趣味

中村淳彦●なかむら・あつひこ　ノンフィクションライター。AV女優や貧困などをテーマに、社会問題をフィールドワークに取材・執筆。虐待、精神疾患、借金、自傷、人身売買など、様々な過酷な話にひたすら耳を傾ける。『東京貧困女子。』（東洋経済新報社）は第2回「Yahoo!ニュース――本屋大賞2019年ノンフィクション本大賞」ノミネート。『名前のない女たち』シリーズ（宝島社）など著書多数。

の合う年上男性と結婚するつもりで風俗嬢をやめて真剣交際したが、結婚はするつもりがないと断られた。現在は風俗を引退しているあもさんだが、イタリア人ハーフとのトラブルは、結婚してくれない男と付き合っても意味がないと、風俗に出戻ったことから始まっている。

「同棲していた人が結婚しないっていうから、池袋のデリヘルに戻った。そのお店の店長がイタリア人のハーフで、すぐに採用ってなって気に入られた。その日からご飯行こうとか、家に来なよとか、そんな感じになった。イケメンといえば、イケメンで顔立ちが濃い。40代後半、だいぶ年上。ある日から家に帰っちゃダメってなって、そこからほぼ監禁です。性欲が強かったのでセックスもたくさんです」

何度もサイコパス被害に遭っている
白玉あもさん

家に帰れなくなり、イタリア人ハーフ店長の家から一緒に出勤した。そして、一緒に帰る。24時間一緒にいるようになって、店長からお金も要求されてだんだんとおかしくなった。

「私がお金を払う理由は、彼が『僕と一緒にいたいんでしょ』って。だったら、お金が必要だって。反抗する気にならないというか。店から帰ったあと、必ずセックスになって、プレイ内容が洗脳しながらなんです。愛撫しながら『君は僕がいないと生きていけない、わかる?』とか。私も聞いちゃう。その空気に『ハイ』って、どんどん頭がおかしくなった」

監禁生活が１００日を超えた時、隙を見つけて逃げた。とにかく自宅に帰りたかった。店長は激怒して追ってきた。全力疾走で走って自宅の鍵をかけ、チェーンロックした。ピンポンが何度も鳴る。おそるおそる覗き穴を見ると、ぎょっとした大きな目玉が見えた。絶叫した。店長は喚き散らしながら消火器を撒き、警察に連行された。

異常な家庭環境に育ち
誰とでもセックスをするように

あもさんは、そのようなトラブルを日常的に起こしている。警察署に狂っている男や狂ってしまった男から助けてもらうことは日常で、生活安全課や交番には名前を憶えられている。原因はヤリマンであることだろう。一般的な女子とは桁違いに多くの男性に深入りするので、必然的にトラブルが多くなる。彼女はどうしてヤリマンなのか、その理由を聞く。

現在はイベント出演で生活費を稼いでいる

「初体験は中学3年の時で、自分では付き合っていると思っていた男の子として、結果的にお前と別に付き合ってないって。それまでセックスは愛し合っている人とか、恋人同士がすることと思っていたけど、そうじゃないって知った。そこから誘われたら誰でも、というか。家庭がおかしかったのでさみしかった」

地元は北海道の根室《ねむろ》。父親は美容師で、母親はカニ加工場の作業員だった。父親は家族が暮らす家庭に愛人を連れ込むようになり、家庭はどんどんとおかしくなった。

「父親の愛人と愛人の連れ子も一緒に生活するみたいになって、母親がおかしくなった。最初は別居して離婚。母親は離婚してからパチンコ依存症になって、最終的には大きな借金してパチンコするようになった。それだけじゃなくて、母親は家にパチンコ屋で知り合ったおじさんを連れ込むようになって、私の居場所がなくなった」

母親の彼氏はパチンコ好きの漁師だった。角刈りのおじさんだった。愛人がいる父親の家と、角刈り漁師がいる母親の家を行ったり来たりした。父親は娘より愛人、母親は娘よりパチンコと漁師となり、あもさんの居場所はなくなった。中学校での恋愛も、順調にはいかなかった。気づけばさみしがりやで精神的に不安定なヤリマンになっていたという。

「さみしいし。一人で過ごしたくないから一人暮らしの男の人の家に泊まりに行く。流れでセックスになる。泊めてくれたり、遊んでくれるなら、セックスしてもいいかなってなった。カラダを使うことで優しくしてもらえるなら、別になんの損もないというか。

　高校時代から病んでいました。その頃から早く東京に出て、風俗でもなんでもいいからカラダ売ってお金を稼いで一人で暮らしたいって思っていました。父親も母親も、愛人とか漁師を連れ込んでいたので、セックスは見たことないけど、家の中でやっている気配はわかる。根室は小さな町なので、おかしな家だって噂になった。それも病んだ理由かも」

母親のパチンコ依存症で家計は破綻 援助交際で生活費を稼ぐように

　リストカットするようになって、授業中に突発的に暴れるとか泣き出すという不安定な状態になった。母親はパチンコ店に閉店までいるので、どんなにさみしくても家には誰もいない。さみし紛れにテレクラやツーショットダイヤルに電話するようになった。

「ほぼ不登校でテレクラとかツーショットダイヤルばかり。親とどう接していいのかわからなくなっていたし、親のだらしない姿を見て、一生懸命頑張って学校に行く意味がわからなくなった。それと夜に大人と遊んだり、泊まったりするから、昼間は眠い。高校にはあまり行かなかった」

　母親のパチンコ依存症は深刻になり、仕事を辞めて一日中パチンコ店に入り浸るようになった。家計は破綻、食事もできないような状況になった。あもさんは夜遊びだけでなく、援助交際もするようになった。

「援助交際は運がよければ根室の人と会える。多いのは隣町の釧路《くしろ》とか、札幌まで遠征してヤルとか。北海道の人はカーセック

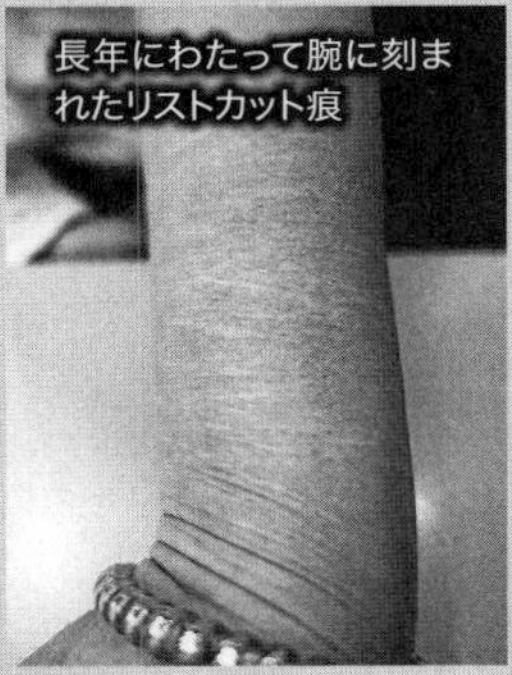
長年にわたって腕に刻まれたリストカット痕

スがメインでホテルは少数。相手は誰でもよかったので、おじいちゃんでもキモチ悪いおじさんでもしました。そうしないと生きていけないので」

好きじゃない人に貢がれて……好きになるのはサイコパスばかり

高校2年の時、母親は娘の援助交際に気づいた。最初は怒られたが、すぐに何も言われなくなった。そして、母親は娘にパチンコ代の無心をするようになった。

「ちょいちょい、お金を貸してってきた。どこかで母親にかまってほしい自分がいてお金を渡すことによって、ちょっと機嫌がよくなるとか、相手にしてもらえるとか。まあ、いいかって渡していました。月5万円以上渡していました」

なんとか高校卒業、母親の大反対を押し切って家を出て函館《はこだて》の専門学校に進学。函館では初日からテレクラとツーショットダイヤルで援助交際した。そして20歳の時、卒業と同時に上京する。

「東京で住む家を確保するためにツーショットダイヤルで知り合った年上男性と同棲しました。相手は結婚したがっていたけど、家では恋人のふりをして隠れて歌舞伎町のヘルス嬢になりました」

イベントにはファンも多く訪れるが、普通の男性とは恋愛に発展しないという

相手に風俗嬢がバレた時、関係を終わらせた。それから好きな人といつか結婚したい、平穏な普通の家庭を築きたいと思っている。様々な男たちとセックスを繰り返しても、なかなかうまくいかない。たまに精神的に限界がくることもあって、いままでうつ、気分変調性障害、境界性人格障害、統合失調症の診断を受けている。

「私が好きになっちゃうのはサイコパスばかり。好きじゃない人から貢がれて、相手が狂っちゃうみたいなこともたくさん。本当はそういうことはすごく嫌で、普通の人がいいけど、結果的にそうなっちゃう。ヤリマンなのでいろんな男性と肉体関係になる。だから必然的にトラブルが多くなっちゃう」

上京して18年。あもさんに平穏な日常が訪れたことは、まだない。

底辺問題ジャーナリストが見た 都市伝説以上の〝異常〟現実❷

池袋・伝説の「立ちんぼ」たちが結婚、彼氏アリの〝勝ち組〟に！

文／中村淳彦

池袋の西口駅前広場は長年、街娼（立ちんぼ）スポットだった。朝10時半くらいから街娼を筆頭に無職、生活保護受給者、独居老人、ホームレスなどが広場に集まって、酒を飲んだり、乳繰りあったり、いつも遊んでいた。しかも、毎日だ。

しかし、2014年に豊島《としま》区が日本創生会議から「消滅可能性都市」の指摘を受けて、急速に風向きが変わった。豊島区は大々的に池袋の「SDGs未来都市」構想を掲げて大規模再開発に着手。これまで池袋に巣くってきた底辺の人々を追い出し、未来都市にふさわしい階層の人々を受け入れたいという意思表示をした。最悪の場所であると認定された西口駅前広場は、豊島区に雇用された警備員が24時間3交代態勢で常駐することになり、現在進行形で街娼や底辺男性たちを必死に追い出している。

歯が1本もない巨漢の奈央さん（仮名、39歳）

そんな荒れる池袋の西口で十数年以上、生業として街娼を続ける女性たちがいる。

そのひとり奈央さん（仮名、39歳）は歯が1本もなく、体形はデブを超えた巨漢だ。ひとり親家庭育ちで母親と確執があり、21歳の時に千葉県の実家から逃げている。家出して池袋の西口で街娼をしながら漫画喫茶で暮らし、今は生活保護受給者となっている。アパート暮らしとなって、生活保護費をもらえるようになっても街娼は続けている。

街娼たちも恋愛をする。以前、奈央さんの恋人は池袋の武闘派のヤクザだった。しばらくしてヤクザは双子だったと判明した。奈央さんは「彼氏は弟だけど、似すぎているから兄とやっちゃった。それから彼氏が2人になっちゃってセックスが大変。双子で二股はOKなんだけど、3Pだけは嫌がるの」と笑う。似すぎているヤクザの双子は、恋人の奈央さんでも見分けるのは困難で、判別方法は男性器にあるシリコン玉の数しかなかった。弟はシリコン玉2個、兄はシリコン玉11個だった。下半身を確認しないと、どちらかわからないという。

恋人の兄とセックスという事件が起こったのは、板橋区の木造アパートだ。奈央さんが彼氏の家に押しかけ、強引に痴女的なセックスをした時、その相手は彼氏でなく、兄だった。それから兄とも付き合うようになった。

歩行が困難な美香さん（仮名、53歳）

街娼歴21年の美香さん（仮名、53歳）も、また信じられないくらい太っている。太りすぎて歩行が困難になり、歩行には杖が必要だ。神奈川県出身、32歳の時に家出して池袋に来た。家出の原因はパチンコだ。

美香さんは県内の私立女子高を卒業後、実家で暮らしながらフリーターをしていた。25歳の時、「パチンコ海物語」にハマった。1円パチンコがない時代であり、数時間で給料がなくなる。美香さんはパチンコ店の換金所で売春を始めた。負ければ売春、勝てばずっと打ち続ける生活となり、何年間も開店から閉店までパチンコ店に入り浸った。パチンコ狂いの娘に母親は激怒、実家を追い出された。

家を追い出されたのは、21年前。湘南新宿ラインに乗って池袋に着き、その日から漫画喫茶で暮らした。翌日から街娼を始める。そのまま、今に至る。13年間漫画喫茶で暮らし、8年前に念願のアパート暮らしを始めた。西口から徒歩20分ほどの老朽アパートで、今も売春で生計を立てている。

漁師の義父に強姦された幸子さん（仮名、66歳）さん

古株である幸子さん（仮名、66歳）は、池袋での街娼歴は24年。東池袋にあった台湾人が経営するドヤに元パチプロの内縁の夫と暮らし、西口で客をとりながら内縁の夫の面倒を見続けてきた。幸子さんが42歳で街娼になった理由は、嫁いだ山口県宇部《うべ》市の家で漁師の義父に強姦されたから。白昼の強姦は親戚中に明るみになったが、漁師の義父は「セックスするのは嫁の務め！」と主張した。幸子さんは夫と義母、親戚中から淫乱女扱いされ、耐えられなくなって漁師町から逃げ出している。

コロナ前は、奈央さん、美香さん、幸子さんの仕事場だった池袋駅前西口広場。現在は長居や飲酒などを禁じる警告文を掲示し、違反者を排除する警備員が常駐する

最初に逃げたのは埼玉県上福岡《かみふくおか》、八百屋に住み込んで働いた。早朝から大荷物を抱えて練馬《ねりま》区や板橋《いたばし》区に行商し、帰ってからも店番をした。半年間後、八百屋が潰れた。上福岡駅で飛び込み自殺しようと放心状態で立ち尽くしていたとき、家族に捨てられ稼げなくなった無一文の元パチプロ（内縁の夫）に声をかけられる。やっぱり生きると決めた幸子さんは元パチプロと徒歩で池袋に向かって、翌日から街娼となった。

「海物語」依存から義父に強姦まで、池袋の街娼女性たちにはそれぞれドラマがあるのだ。

生活保護受給者と結婚した生活保護受給者の奈央さん

２０２２年２月27日、雲一つない

晴天の日だった。奈央さん、美香さんが西口に立っているというので行ってきた。奈央さんはマクドナルド前にいた。尋常でなく太っているのですぐにわかった。声をかけた。

「おれ、結婚したんだよね。相手はおじさんだけど」

奈央さんは照れくさそうに、そういう。

「相手はヤクザじゃなくて、堅気。おじさんだよ。70歳。おじいさんじゃないよ、おじさん。30歳違う。池袋で知り合った人。20年前から知っている人。西口広場の人」

西口前広場の年上男性にプロポーズされて入籍したようだ。相手は70歳の生活保護受給者だった。

「生活保護の人。仕事はしてない。わかんないけど、プロポーズされた。かわいそうだと思ったんじゃないの。知らない。プロポーズはうれしかったよ。うん。見た目も別によかったし、生活保護だから安定してるじゃん」

男性のプロポーズを受けたのは見た目が悪くない、生活保護で安定収入があったことが決め手だった。

奈央さんも生活保護受給者である。コロナと「池袋82歳〝パパ活〟殺人事件」（２０２２年1月21日）で買春客が激減するなかで、悠々自適な生活を送っていた。

「おれも生保。ヘルパーもついているからいいよ。糖尿と精神疾患があって手帳持ってるから。難しい病名なので詳しくはわからないけど、2級ね。生保だからヘルパーがご飯をつくってくれて、掃除もしてくれる。なんでもしてくれる、生保すごくいいよ」

生活保護で安定した奈央さんは、コロナ以降は常連だけを相手に売春している。売春を続けていることは夫も知っている。今日も75歳の常連客と北口のラブホに行く約束をしてバスに乗って池袋に来たという。

入籍した日、西口前広場の仲間たちは池袋西口公園横のセブン-イレブン前に集まり、ささやかな入籍パーティーをしてくれたそうだ。ワンカップ大関やコンビニコーヒーで乾杯し、1円パチンコで勝った生活保護の男性からコンビニスイーツが振る舞われた。奈央さんは「その時はうれしかったかな」と言っていた。

39歳デブ専男性の彼氏とのセックス自慢を話す美香さん

巨漢の美香さんは、西口公園のベンチでアンパンを食べていた。

「一応、新しい彼氏ができました。その人とはコロナの前に付き合っていたけど、いったん別れて。何年か前にお客だった露天商が彼になって、その人はちょっと馬鹿だったんです。物覚えが悪すぎて別れました。ひとつの単語と意味を覚えるのに2カ月かかった。疲れ果てて嫌になりました。それがおととしの年末です」

ちなみに露天商は「レッドアイがビールとトマトジュースを混ぜたカクテルだ」と覚えるのに2カ月以上がかかった。ほとほと嫌になった。そんな時にコロナ前に付き合っていたテレビ局ＡＤの39歳デブ専男性から再びラブコールされた。

彼は数年前、西口公園でロケ中に巨漢の美香さんを見つけてナンパしてきた。

「いきなり一目惚れしましたって。客になるかなと思って番号交換した。付き合ってくださいって言われて、私、太っているよって。それでもいいってうなずくんです。太っている女しか興味ないって。絶対条件だって。彼の待ち受けは渡辺直美さん。それで、ロックを外すと私が出てくる」

39歳のデブ専男性から、再び連絡がきたのが2021年の初頭。2年ぶりに再会してセックスした。

「私、太りすぎてお腹が出ているものですから、正常位で入れるときはお尻に枕を置かないと入らない。枕を置くと、ズボってなる。贅肉がありすぎて棒がアソコに届かない。彼氏は枕使いがうまくて、絶妙なところに置いてくれる。すごくいい」

美香さんには彼氏とのセックスの自慢を聞かされた。歯のない奈央さんは結婚、巨漢の美香さんは14歳の年下彼氏とセックスと、いつの間にか勝ち組女性になっていた。しかも、2人は夫や恋人公認で街娼を続けている。2人は、今日も西口でセックスを売っていた。

[カバー・表紙デザイン]HOLON
[本文デザイン＆DTP]武中祐紀
[編集]片山恵悟
[写真]共同信社／AP／アフロ、Rodrigo Reyes Marin／
アフロ、Abaca／アフロ、ロイター／
アフロ、Insidefoto／アフロ、UPI／アフロ／
Wikipedia : The Free Encyclopedia
代表撮影／AP／アフロ、Ukrainian Presidential Press Service／ロイター／アフロ
共同通信イメージズ

決定版「シン・都市伝説」大全
99%の日本人が知らない超「陰謀」プレミアム

2022年4月26日　第1刷発行

著　者　噂の真相を究明する会
発行人　蓮見清一
発行所　株式会社 宝島社
〒102-8388　東京都千代田区一番町25番地
電話（営業）03-3234-4621
（編集）03-3239-0646
https://tkj.jp

印刷・製本　株式会社広済堂ネクスト

ISBN 978-4-299-02853-2